海野孝憲 著

# 浄土論の唯識思想

山喜房佛書林

# 目次

## 使用した略号と主要なテキスト

LA：Lankavatarasutra（ed. S.Bagchi）
BAS：Bahyarthasiddhikaraika of Svagupta
MAU：Madhyamakalamkaropadesa of Ratnakarasanti（D.4085）
MAV：Madhyamakalamkaravrtti of Ratnakarasanti（D.4072）
MB：Madhyanta-vibhanga-tika of Vasubhandhu
MV：Madhyanta-vibhanga-tika of Sthiramati
MSA：Mahayanasutralankara of Maitreya（ed.N.Deva）
PPU.Skt：中国・四川大学の羅鴻教授の未出版の梵語テキスト使用
PPU=Prajnaparamitopadesa of Ratnakarasanti
PV：Pramanavarttika of Dharmakirthi
SB：Sutralamkara-bhasya of Vasubhandhu

SVB：　Sutralamkara-vrtti-bhasya of Sthiramati（P.5531）
TVB：　Trimsikavijnaptibhasya of Sthiramati（ed.S.Levi）
VMS：　Vijnaptinatratasiddhi of Ratnakarasanti
P.：　Peking Edition
D.：　Sde dge Edition

〔主要な参考書・引用文献等〕

『大智度論』（大正大蔵経、25巻）
『中論』（大正大蔵経、30巻）
『摂大乗論釈』（大正大蔵経、31巻）
易行院法海師著　『浄土論講義四巻』（真宗大系）
一郷正道著　『中観荘厳論の研究』文栄堂
宇井伯寿著　『大乗荘厳論の研究』岩波書店
　　『安慧、護法、唯識三十頌釈論』岩波書店
　　『摂大乗論研究』岩波書店
上田義文著　『「梵文唯識三十頌」の解明』第三文明社

『摂大乗論購読』春秋社
『仏教思想史研究』永田文昌堂
瓜生津隆真著　『大乗佛典』十四竜樹論集中央公論社
海野孝憲著　『インド後期唯識思想の研究』山喜房佛書林
大竹晋著　『無量寿経優波提舎願生偈』解題『新国訳大蔵経釈経論部』
金子大栄著　『彼岸の世界』岩波書店
工藤成性著　『世親教学の研究』永田文昌堂
小谷信千代著　『世親浄土論の諸問題』東本願寺
梶山雄一著　『浄土の思想』『梶山雄一著作集』第六巻」春秋社
『認識論と論理学』『梶山雄一著作集』第七巻」春秋社
『仏教における存在と知識』紀伊国屋書店
勝又俊教著　『仏教における心識説野研究』山喜房佛書林
北川秀則著　『インド古典論理学の研究』鈴木学術財団
曽我量深著　『教行信証「信の巻」聴記』法蔵館
長尾雅人著　『中観と唯識』岩波書店
『摂大乗論和訳と注解上、下』講談社

『大乗荘厳論』和訳と註解（1）、（2）長尾文庫
幡谷明著『曇鸞教学の研究』同朋舎出版
幡谷明編『浄土論註上下二巻対照表』同上
平川彰著『初期大乗仏教の研究1』春秋社
福原亮厳著『浄土論註の研究』永田文昌堂
藤田宏達著『原始浄土思想の研究』岩波書店
『新訂梵文和訳無量寿経・阿弥陀経』法蔵館
『藤田宏達博士還暦記念論集インド哲学と仏教』平楽寺書店
理綱院慧琳師著『浄土論註顕深義記伊蒿鈔四巻、八巻』（真宗大系）
山口益著『大乗としての浄土』大法輪閣
『世親の浄土論』法蔵館
『仏教学序説』平楽寺書店
『中辺分別論釈疏』鈴木学術財団
『中観仏教論攷』山喜房佛書林
山口、野沢『世親唯識の原典解明』法蔵館

# 序論

本著、『浄土論の唯識思想』は、前著『世親の浄土論と瑜伽行唯識』の続編です。

今回は、『願生偈』の「世尊我一心」の「一心」については、それを『摂大乗論』の用法に基づき、それを唯識思想固有の「一心」として捉え、更にそれを、新たに発見された、ラトナーカラの『般若波羅蜜多論（PPU）』梵文テキストにより、その本質を究明しました。

更に曽我量深先生の、有名な「法蔵菩薩＝阿摩羅識」説についても、「阿摩羅識」を、それの出典に基づいて瑜伽行唯識説の立場から解明に努めました。

本著も前著と同様に、世親の『浄土論』を、瑜伽行唯識の研究に、対象を特化した瑜伽行唯識の研究書です。従って、宗学で、巷間求められる筆者自身の宗教的要求、自己の生存に関わる内部的要求（？）などの表明は、ここでも許されていません。

## 『般舟三昧経』と唯心思想

『浄土論』には、それをさかのぼる「唯心思想」の伝統が息衝いています。

末木氏は『般舟三昧経』の原初形態である三巻本の行品について次のように述べています。

「行品の終りの方では、「三処（即ち）欲処・色処・無想処、この三処は意の為る所ならくのみ」と『十地経』の三界唯心を思わせる箇所があり、その後、有名な「心は是れ佛」等と唯心的なブッダ観が表明される。ところがこのような発想は本経中でこの箇所のみであり、むしろ他の箇所では、心への執われも身体への執われと同様に批判されている。」（cf. 末木「『般舟三昧経』をめぐって」藤田宏達博士還暦記念論集 P.323）

また、梶山博士は、引用する『般舟三昧経』原初形態である三巻本の行品の漢訳とそれのチベット語訳に見られる「心が仏と作る――心はこれ仏――心は仏を見る」という下りに、同様に『華厳経』十地品のこの三界に属するものは心のみからなる」という唯識論の根拠となった有名な文章の根拠を見ています。

上記の、唯心論的な『般舟三昧経』の文章は浄土三部経の一つである『観無量寿経』の第八・像観に「――諸仏如来はこれ法界の身也。一切衆生の心想の中に入りたまえり。このゆえに汝たち心に仏を想う時、この心すなわちこれ三十二相・八十随形好なり。この心、作仏す。この心これ仏なり。諸仏正遍知海は心相より生ず。――」や第九・真身観にも見られます。（真宗聖典 P.103 cf. 藤田宏達著『原始浄土思想の研究』P.131）

## 『般舟三昧経』と阿弥陀佛

『般舟三昧経』と浄土経典との先後関係については、藤田宏達博士によれば、相対立する二つの説に分かれています。

一つは『無量寿経』や『阿弥陀経』の原初形態は、『般舟三昧経』より先に成立したものと見る説。他は『般舟三昧経』における阿弥陀佛への言及は、浄土思想関係の文献中最古のものであり、従って『無量寿経』や『阿弥陀経』よりも先に成立したものと見る説です。『般舟三昧経』における阿弥陀佛への言及はすでに『無量寿経』ないし『阿弥陀経』の原初形態を前提としていたものと見られます。（cf. 藤田宏達著『原始浄土思想の研究』P.223ff.）

更に、『般舟三昧経』には、阿弥陀仏に言及している箇所（大正 13–P.899a, 905a,b,,906c）があり、それの原初形態は行品にあり、その行品は『大阿弥陀経』の阿弥陀仏信仰を受け継ぎながら、『道行般若経』の空思想に影響されて成立したと述べています。また、唯識的傾向は般若経の中にも浄土経典の中にもあると述べています。（cf. 『梶山雄一著作集』第六 P.162）

更に『般舟三昧経』と浄土経典との関連を探る上で、重要なのは、そこに次のような「念仏成仏」が説かれています。『般舟三昧経』行品には（大正 13–905b、一巻本 P.899b）には次のように説かれています。

「当に何等の法を持して阿弥陀仏の国に生ずべきや、と。爾の時に阿弥陀仏、是の菩薩に語って言わく、我が国に来生せんと欲せば、常に我を念ずること数数にして、常に当に念を守って休息有ることなかるべし。是の如くせば、我が国に来世生することを得ん、と。仏の言わく、是の菩薩是の念仏を用い

るが故に、当に阿弥陀仏の国に生ずることを得べし——」(cf. 藤田 ibid. P.550)

これについて、末木氏はさらに次のように解説しています。

「阿弥陀佛信仰の流れには『無量寿経』の流れと『阿弥陀経』の流れがあり、阿弥陀佛の名称として、前者はAmitābha(無量光)、後者はAmitāyus(無量寿)を主とする。この点から見ると、本経は後者の系統に入る。しかし、確かに『阿弥陀経』(『小阿弥陀経』)を見ると、一日乃至七日の念仏で臨終時に阿弥陀佛を見ることが説かれているが、しかし、それは平常時ではない。他方、『無量寿経』の系統を見ると、最も古い形体を示す支婁迦讖訳の『大阿弥陀経』には三輩中の上輩と中輩において念仏による夢中の見佛を説いており、いわゆる魏訳や梵本にも上輩段にその跡が残されている.『大阿弥陀経』は般若——空の思想に先たつ、いわゆる「原始大乗」を代表する経典と考えられておりその中に念仏による見佛を説いていることは極めて注目される。」(cf. 末木 ibid. P.326)

要するに、般舟三昧とは、阿弥陀佛信仰の中で発展した念仏による見佛という行が、般若—空の思想の中に取り込まれものと想定されます。

**般舟三昧(現在諸佛が面前に現われる三昧)・見佛**

藤田宏達博士によれば、見佛について、次のように、説かれています。

見佛には、「臨終見佛(臨終来迎)」と「夢中見佛」の二つが説かれており、「臨終見佛」には阿弥陀佛の来迎と化佛の来迎との二種があり、上輩と中輩とを区別する理由になっていること、「夢中見佛」はサンスクリット文では下輩相当文について言われ、これはチベット訳『無量寿経』『如来会』でも同じであること、しかし『大阿弥陀経』と『平等覚経』では三輩すべてについて夢中見佛が説かれていること、また夢中見佛の時期についても、これを臨終の時とする所伝が多いが、臨終に関係付けて説くのは、恐らく上輩・中輩の臨終見佛に対応して説かれるようになったのであろうと想定されています。(cf. 藤田『原始浄土思想の研究』P.544)

『般舟三昧経』は「夢中見佛」について、三巻本で次のように述べています。

「若しくは沙門・白衣、聞く所の西方の阿弥陀佛刹、当に彼の方の佛なりと念ずべし。戒を欠くことを得ず、一心に念ずること、若しは一昼夜、若しは七日七夜にして、七日を過ぎて以後、阿弥陀佛を見る。覚［めた状態］において見ざれば、夢の中において之を見る。」(cf. 大正 13-905a　藤田 ibid.) P.555)

## 『般舟三昧経』に見られる唯識的表現

『般舟三昧経』(三巻本) の行品には、次のような『華厳経』十地品の「この三界に属するものは心のみである」という、後に唯識論の根拠となった有名な文章に酷似した文章が見られます。漢訳とチベット文と対比して述べます。

漢訳三巻本（大正 13-899, 906)

「心作仏。心自見。心是仏心。仏心是我心。心見仏。心不自知心。心不自見心。心有想為痴心。無想是涅槃。是法無可楽者。設使念為空耳。無所有也。菩薩在三昧中立者。所見如是。仏爾時説偈言」(P.899)

「心が仏を作る。心みずから見る。心はこれ仏。心はこれ如来。心はこれわが身。心は仏を見る。心はみずから心を知らない。心みずから心を見ない。心に想あれば痴となり、心に想なければこれ涅槃。この法楽しむべきものなし。みな念の為る所。たとい念あるも空たるのみ。たとい念あるも所有なきを了す。――菩薩の三昧の中にありて立つ者は、見る所かくの如し。」

「菩薩在三昧中立者所見如是仏爾時頌曰。心者不知心。有心不見心。心起想則痴。無想是涅槃、是法無堅固。常立在於念。以解見空者。一切無想念」

「菩薩の三昧の中にありて立つ者は、見る所かくの如し。仏そのとき偈を頌して曰く。心は心を知らない。心あるも心を見ない。心が表象を起こせばそれは無知である。表象がなければ涅槃に等しい。これら一切のものは堅固でなく、常に念の中に現われる。空を見ることを解する者は、一切の妄想を断つ。

チベット語訳『般舟三昧経』部分訳［三〇］

「心が仏陀を作るのである。その心のみが［仏陀を］見るのである。わたしには、心こそが仏陀である。心が如来である。」（1）

「私の身体は心にすぎない。仏陀は心によって見られる。心こそが私のさとりである。心に実体はない。」（2）

「心は心を知らない。心は心を見ない。心の表象は無知である。心の表象なきは涅槃である。（3）

「すべては分別より現われる。意識の分別なるもの、それは空性によってここに空となる。（4）

（cf. 梶山 ibid. P.135ff.）

梶山博士は次のように、結んでいます。

「浄土教は唯識思想とは体系を異にしていて、外界の非存在を強調はしない。しかし、阿弥陀という報身（受用身）の国土である安楽国が三界を超越し、十方一切世界を超踰していて、四州とか三千世界とか十方世界とかいう物質世界にその所在がないとすれば、安楽国は法身の絶対的な智慧の有的顕現としてしか理解されない。――少なくとも、世親という唯識思想家が書いた論においては阿弥陀の浄土は法身の智慧の出現物に他ならない。それは観念あるいは表象であるが、私の、あるいは、通常人の表象ではなくて、法身の智慧の表象である。」（cf. 梶山 idid. P.291）

# 浄土論の唯識思想

# 第一章　『浄土論』は瑜伽行派の著書である

## 一、『浄土論』は、何時、何処で、誰が修行するのか。

『浄土論』は、阿耨多羅三藐三菩提を目的とする五念門等の修行道が我々にとても重たい対応を迫っています。従来、その実践修行者は、大きく分けて、次のような三つに分類することができます。第一は曇鸞に於けるような「穢土の修行者」と「浄土の修行者」という、穢土と浄土の修行者による、二世にわたる修行と、第二は曽我量深説に見られるような、修行者を法蔵菩薩とし、受益者としてこの穢土の凡夫である修行者に限定する説と、第三は山口益説に見られる、すでに往生し転依態に達している善男子善女人の「未証の浄心菩薩」に限定する、浄土における修行者とする説です。

## 二、曇鸞説、

『教行信証』行巻（P.169）では、『浄土論註』に基づいて、まず「穢土の仮名人」「浄土の仮名人」として、次のように述べられています。

「問うて曰く、何の義に依って往生と説くぞや。答えて曰く、この間の仮名の人の中において、五念門を修せしむ。前念と後念と因と作る。穢土の仮名の人・浄土の仮名の人、決定して一を得ず決定して異を得ず。前心・後心またかくのごとし。」

## 1、「穢土の仮名人」から「浄土の仮名人」へ

山口益先生は、この「穢土の仮名人」と「浄土の仮名人」の『論註』の解釈については、次のように述べています。

「その言葉をわれわれが理解する仕方で述べると、こういうことであろう。いわく、往生ということのためには、この世間での仮名人たるわれわれが五念門を修するのであるが、その場合、その五念門の行の前刹那のものは後刹那のための因となる。ところで往生ということがいわれるときには、そこに穢土の仮名人が往生して浄土の仮名人となるという一転機が考えられるのであるが、この場合の前刹那の「穢土の仮名人」たる因と、後刹那の「浄土の仮名人」たる果とは、一であるとも異であるともいってはならない。そのことは、この世間において、仮名人が五念門を修する時の前刹那の因、後刹那の果ということとの場合にもいわれることである。それは、一であれば、因果がないことになるし、異であれば相続の否定せられることになる」と。(cf. 山口著『世親の浄土論』P.70)

仏教では、人間が仏となる場合にも、このような不一不異の関係が一般にいわれています。これは不一では人間は絶対に仏になれないことを意味し、他方、不異ならば、すでに仏と等しいので、やはり仏にな

る必要はありません。

これは瑜伽行派では、心の相続を認めているので、『摂大乗論』ではアーラヤ識の転依によって、すなわち「二分依他性説」によって、この不一不異の論理をクリアしています。

瑜伽行唯識説に全く無知であった曇鸞は、このディレンマの論理をどのようにクリアしたのであろうか。上記の山口説は「穢土の仮名人」が五念門を修行して、更に往生した後「浄土の仮名人」として修行する方法の中に、両者の不一不異の因果関係を理解されようとしています。

その場合、『論註』では、**１「穢土の仮名人」の所見と２「浄土の仮名人」の所見**について、次のように解説しています。

1、「凡夫のような、所謂、実の衆生にあって、凡夫の見るところの実の生死のような所見は事実、結局は、亀の毛、虚空のような儚いものである」

2、「諸法は因縁より生じているから、すなわち不生であり、存在しない様は虚空のごとくある。天親菩薩が主張される、生とは因縁（生）という意味であり、因縁（生）という意味であるから、仮に「(縁)生」と名づけるのであって、凡夫が、実の衆生、実の生死は存在すると謂うようなものではない」

これは、『論註』では**「往生」に関連しての両者の「不一不異」の因果関係**が成立するためには、『中論』のディレンマをクリアしなければなりません。そのため、次のような論理的解決が必要となります。

「問う、どのような意味で、往生と説くのか」

「答える、この間の仮名人の中において、五念門を修するのに、前念は後念の因となる。「穢土の仮名人」と「浄土の仮名人」は決定的に一つのものではなく、決定的に異なるものでもない。前心と後心も同様である。その理由は（前心と後心が）一つであるならば、因果関係はなく、もし異なるならば、相続関係はないことになる（ディレンマの論理）」

それは、因も果もそれ自体、空であることが必要となります。それ故に、空を「仮名」と表現して、「穢土の仮名人」、「浄土の仮名人」として示す必要があります。そこでは「穢土の仮名人」の前念が五念門の修行を介して「浄土の仮名人」の最初の心の原因となるとき、その原因である前念と、結果となる後念である「浄土の仮名人」の心が一つならば、両者には因果関係はなく、異なるならば、両者の相続は否定されるという「両者の不一不異のディレンマの関係」をクリアしようと試みられています。

中観派においては、上記の瑜伽行派におけるように、「穢土の前念」が原因として、結果となる「浄土の後念」の心と一つとなって継続するという、「心の相続」の問題はまったく無関係です。心の継続の問題は、瑜伽行派においてのみ、穢土から浄土へにおいて心の継続が認められ、心における「転依」によって、一方から他方への移行が可能となります。

## 2、曇鸞は瑜伽行派の論書には無知であった

曇鸞は『無量寿経優波提舎願生偈註』（『論註』）の冒頭で、次のように述べています。

「謹・案龍樹菩薩十住毘婆沙云　菩薩求阿毘跋致有二種道　一者・難行道・二者・易行道」（幡谷編『浄

土論註上下二巻対照表』P.2）

（「謹んで龍樹菩薩の十住毘婆沙を案ずるに云わく、菩薩は阿毘跋致を求めるのに二種の道がある。一は難行道、二は易行道である。」）と述べているように、瑜伽行派の世親の著『浄土論』を注釈するにあたり、中観派の祖師、龍樹の『十住毘婆沙論』を規範とすると表明しています。このように、残念ながら、曇鸞自身は、事実上、瑜伽行派の思想については、全く、無知でした。この問題は、曇鸞（476-543）が年代的に『般若経』や竜樹等の中観派の諸著作に通暁していたが、瑜伽行派の諸論書（真諦546　渡来、玄奘600-664）には親しんでいなかったことから、中観派の論理のみで解決することを意図していました。換言すれば、中観派では、凡夫が菩薩となるためには、凡夫も空（仮名人）、菩薩も空（仮名人）でなければ、『中論』のディレンマの論理によって、一方から他方への移行は成立しません。

## 3、『因縁心論』のディレンマの論理と変易生死

「不一不異」の関係によって移行が可能となる文献としては、竜樹の『因縁心論頌・釈』が引用されます。同書の梵・蔵本からの抄訳は次のように述べています。（cf.『梶山雄一著作集』第六巻　浄土の思想P.485ff. 及び　瓜生津隆真訳　『大乗仏典』14竜樹論集 P.356）

そこでは、幡谷先生も言われているように（cf.『曇鸞教学の研究』P.199）の中で、『中論』（20・19）でディレンマを述べている「原因と結果とが同一であることは決してありえない。また原因と結果とが別異であることも決してありえない」に基づいて、五念門によって（本体の空なる）「穢土の仮名人」であ

る凡夫が、五功徳門を得る（本体の空なる）「浄土の仮名人」として転生していくことが表されています。すなわち、そこには往生の因果の相続と（不異）、その内面における質的転換［変易生死］（不一）が示されています。

**参照、（cf. 前著『世親の浄土論と瑜伽行唯識』p.156ff.）**

## 三、曽我説、

宗教学者、曽我量深先生の主張された学説です。

曽我先生は、古来、多くの『浄土論』研究者の中にあって、唯一、文献学者としてではなく、『浄土論』を哲学者としてその神髄を究明された数少ない宗教者の一人です。その主張は奇抜に見えながら、核心を捉えています。

先生の主張の要点は、「『教行信証』（P.198）の『浄土論』についての「言うところの不虚作住持は、本法蔵菩薩の四十八願と、今日、阿弥陀如来の自在神力とによる。願をもって力を成ず、力をもって願に就く。願、徒然ならず、力、虚作ならず」」に基づいて「五念門の行は我々が修すべき行であるが、我々にはその力はない。私共は因の五念門を修するのではなくて、法蔵菩薩が因の五念門を修することによって、五功徳門を私共に与えてくださるのである。私共は五念門の行を修しないけれども、南無阿弥陀仏、一つの中に、五念門の行のお徳を頂戴するのである」と述べて、如来が我らにかわって、五念門の果徳を南無阿弥陀仏として与えてくださると」と解されています。

## 1、『浄土論』の修行者は法蔵菩薩である

まず修行者を菩薩に限定する根拠については、『教行信証』行巻（『聖典』P.167）に次のごとく述べています。

「また曰く、菩薩は四種の門に入りて自利の行成就したまえりと、知るべし、と。菩薩は第五門に出でて廻向利益他の行成就したまえりと、知るべし。菩薩はかくのごとく五門の行を修して、自利利他して、速やかに阿耨多羅三藐三菩提を成就することを得たまえるがゆえに、と。」

更に法蔵菩薩説の典拠としては、後述するように、『入出二門偈頌文』（『真宗聖典』P.461）が挙げられます。

「五には佛法不思議なり。この中の佛土不思議に、二種の不思議力まします。これは安養の至徳を示すなり。一には業力、いわく法蔵の大願業力に成就せられたり。二には正覚の阿弥陀法王の善力に摂持せられたり。――如来浄華のもろもろの聖衆は、法蔵正覚の華より化生す。」

しかし法蔵菩薩が五念門を修行される場合、「五念門」における「礼拝門」の「身業をもって阿弥陀如来を応に正しく遍知して礼拝したてまつる。――」や「観察門」の「――二には阿弥陀仏功徳荘厳を観察する」の記述に見られる、「法蔵菩薩（因）と阿弥陀仏（果）との因果関係」の逆転については、曽我先

生独特の瑜伽唯識説の素養が生かされています。

ここでは、法蔵菩薩↓阿弥陀仏ではなく、阿弥陀仏↓法蔵菩薩という逆転の論理が展開されていることに注意すべきである。これは仏教学で、法蔵菩薩↓阿弥陀仏＝法身より、瑜伽行派の教理、法身（自性身）↓受用身、／法身（自性身）↓変化身により、すなわち、阿弥陀仏（法身）より法蔵菩薩（受用身）への展開が見られます。

『唯信鈔文意』（真宗聖典　P.554）に次のように述べて入ます。

「涅槃をば滅度という、無為という─法身という、法性という─一如という、仏性という、仏性すなわち如来なり。この如来、微塵世界にみちみちたまえり、すなわち一切群生海の心なり。この心に誓願を信楽するがゆえに、この信心すなわち仏性なり。仏性すなわち法性なり。法性すなわち法身なり。法身は色もなし、形もましまさず。しかれば、心も及ばれず、言葉も断えたり。この一如より形をあらわして、方便法身ともうす御姿を示して、法蔵比丘と名のりたまいて、不可思議の大誓願を起こしてあらわれたもう御形をば、世親菩薩は尽十方無礙光如来と名づけたてまつりたまえり。この如来を報身ともうすなり。報ともうすは、種（たね）に酬いたるなり。この報身より応化等の無量無数の身をあらわして───。」

梶山博士は『唯信鈔文意』について次のように述べています。

「法蔵菩薩は色もなく形もない一如（法性法身）より形をあらわした方便法身という光明すなわち智

慧の仏身にほかならない、という。その法蔵菩薩は化身として誓願を起こし、成就し、仏国土を建設して阿弥陀如来という報身如来という報身仏となったのだが、この両者は本質を同じくし、等しく無礙の智慧を形とする。そしてこの報身如来より無数の応化身（化身）をあらわして衆生救済にあたらせる。」（cf.『梶山雄一著作集』6　P.297ff.）

更に、曇鸞は『浄土論註』の「浄入願心」の中で次のように述べています。

「諸仏菩薩に二種の法身有り、一には法性法身、二には方便法身なり。法性法身に由りて方便法身を生じ、方便法身に由りて法性法身を出す。此の二身は異にして分かつべからず。一にして同じからず――真実智慧とは実相の智慧なり。実相は無相なるが故に、真智は無知なり。無為法身とは法性身なり。法性寂滅なるが故に、法身無相なり。無相の故に能く相ならずと云ふことなし。是の故に相好荘厳即ち法身なり。無知の故に能く知らずと云うことなし。この故に一切種智すなわち真実智慧なり。」（幡谷『浄土論註上下二巻対照表』P.75ff.）これについては、梶山先生は「曇鸞は時代の制約によって、世親の著書としては『十地経論』と『唯識二十論』を知っていただけであるから、瑜伽行派の教義については多くを知らなかった。法性法身と方便法身との分類は瑜伽行派の自性身と受用身との分類に相応するよりも、つねに受用身に転換し得る法身をあらわすのに適している。両者の不異・不同の解釈も、たとえば、『摂論』の仏身の記述とよく並行している」と述べています。（cf.『梶山雄一著作集』第六　P.271ff.）

更に曽我先生は次のように解説しています。

「法蔵菩薩という方は、菩薩という因の位であるが、単なる因の位ではない。果上の法性よりして、衆生を助けまた摂し、そしてまた法性の義理というものをば荘厳する。法界荘厳によって衆生を摂取し、衆生を助けようという願を成就せんがために、法界から法蔵菩薩という位にさがってくだされたのである。」（曽我著『『教行信証』「信の巻」聴記』P.70ff.）

このように、曽我説では、我々、凡夫がこの「穢土」で、『浄土論』の五念門、五功徳門の「お徳」を念仏としていただくのであると解釈されています。

ここでは『浄土論』の著者である世親自らが、法蔵菩薩＝尽十方無礙光如来・報身如来として、『浄土論』冒頭の「願生偈」では「世尊我（世親）一心　帰命尽十方無礙光如来　願生安楽国」と宣言しています。「五念門」の修行者を法蔵菩薩と想定される曽我説の擁護者の一人に梶山博士がおられます。（『梶山雄一著作集　第六巻　浄土の思想　P.465)

「『浄土論』において世親が「本願」という語を阿弥陀仏（かっての法蔵菩薩）の本願の意味で用いているのであれば、他力本願の思想は世親に始まるといわねばならない。本願が法蔵菩薩の本願であるとすれば、五念門を修習する行者とは実に法蔵菩薩に他ならないことになり、出第五門で化身となって生死の世界に還る浄土の菩薩とは阿弥陀仏という報身の化作した化仏ということになる。報身は法身なくしてありえないから、阿弥陀仏とは法身が向下的に「完全な覚りを開いた」ものである。このように解すれば、世親の云う五念門――浄土の入四門―出第五門という構造は、中観派の往還よりも、瑜伽行派の八識――転依――三身の構造に一致してくるのである。」

このように述べて、更に曽我量深先生の「法蔵菩薩＝アーラヤ識」説に共感を覚えています。しかし曽我先生は晩年は、学界で批判された「法蔵菩薩＝アーラヤ識」説ではなく、「法蔵菩薩＝阿摩羅識」説を主張されています。（cf. 曽我量深著『教行信証「信の巻」聴記』P.70ff.）

## 2、曽我先生の法蔵菩薩＝阿摩羅識（amala-vijñāna）説とは

曽我著『教行信証「信の巻」聴記』P.69ff.）には、曽我先生の著名な阿摩羅識＝法蔵菩薩論が展開されています。これまで、先生の「法蔵菩薩は阿頼耶識なり」という語句は、平川彰博士の言葉によれば、「阿頼耶識は煩悩具足の凡夫を迷わせ輪廻転生せしめる根拠であり、「妄識」であるものに対して、法蔵菩薩は世自在往仏のところにおいて無生法忍を覚った聖種性の菩薩であり、両者にはあまりにも大きな隔たりがある」ことが指摘されていました。更に「法蔵菩薩と阿頼耶識とが思想的に深い関係がある」と指摘された、阿頼耶識の阿頼耶（ālaya）が漢訳の「蔵」に対して、法蔵菩薩の「蔵」は（ākāra）である関係も含めて、近年、小谷信千代博士によって、とても優れた、明快な解説と批判が行われました。（小谷著『真宗の往生論』P.246ff.）

この『聴記』の中で、曽我先生は「法蔵識＝阿頼耶識」論への反省から、「法蔵菩薩＝阿摩羅識」説へ

の傾倒が見られます。筆者自身も、後述するように、法蔵菩薩を考える時、法蔵菩薩の核心は、後述するように、阿摩羅識＝無分別後得世間智の方が正当であると確信しています。

曽我先生の主張は『聴記』という書籍の性質上、多少、冗漫で、あまりにも体系的ではない部分が多いので、同一または反復している箇所は整理して、記号で区分して解説します。

①、阿摩羅識は第九識であるともいう。これは真諦三蔵などは第八識の上に阿摩羅識というものを立てるけれども、玄奘三蔵は阿頼耶識のほかに阿摩羅識というものはない。因の位にあっては阿頼耶識というし、果の位にあっては阿摩羅識というのである。だから第九識をたてる必要はないというのである。

②、玄奘三蔵以前は、九識というものを立てていたけれども、玄奘三蔵は無着とか世親とかの書物によって研究し、『三十頌』というものによって識は八識と決定したのである

③、それから阿摩羅識は如来の清浄の阿頼耶識である。阿頼耶識は因位の衆生、染汚の位の阿頼耶識である。このように雑染の位の阿頼耶識、清浄の位の阿頼耶識というので清浄の位の阿頼耶識を特別に阿摩羅識というのである。阿摩羅とは清浄という意味である。

④、法蔵菩薩という方は菩薩というから因の位であるが、単なる因の位ではない。果上の法性よりして、衆生を助けまた摂し、そしてまた法性の義理というものをば荘厳する。法界荘厳によって衆生を摂取し、衆生を助けようという願を成就せんがために、法界から法蔵菩薩という位にさがってくだされたのである。こういうのが還相の根源でありましょう。仏さま自ら法性から一歩さがられた。因位菩薩の位にさがられた。だから菩薩であるけれども、法相唯識の阿頼耶識と違うのでありましょう。法相唯識の阿頼耶識は迷いの位の根本識である。法蔵菩薩は一切衆生を助けたもうことによって、法界を荘厳し浄土を荘厳しようというのである。すなわち法界浄土を荘厳しようというのが法蔵菩薩として現われてくださった所以である。だから阿頼耶識というのは違うのでありましょう。阿摩羅識なのでしょう。阿摩羅と阿頼耶と一緒になったものなのでしょう。

⑤、自分自身には主体などの自覚はない。むしろ、そういうもののない随処作主というような一つの境地である。主体がなくして一切の主たることができる。主体がないから本当に主となることができる。これが『華厳経』でいうところの事事無礙法界である。事事無礙法界であるなら、主などないでしょう。実の主体などあるはずがない。万法ことごとく一つ一つがみな主体である。無量無数に主体たることができる。だからそこに一切万法はみな法爾に住することができる。それぞれの法の位に住して互いに満足し互いに犯さない。内に満足するままである。そこに法蔵菩薩がおいでになるのであ

ります。」(曽我著 idid. P.70ff.)

要点をまとめると次のように整理することができます。

①、阿摩羅識は文字通り「無垢識」であり、真諦を祖とする摂論宗では、阿頼耶識までの八識に加えて、第九識として立てられたが、瑜伽行派は、それは妄識である阿頼耶識とは同時に存在しないので、第九番目の識として立てる必要はない。

②、玄奘三蔵以前は、九識というものを立てていたけれども、それ以後、識は八識と決定された。

③、阿摩羅識は如来の清浄の阿頼耶識である。阿頼耶識は因位の衆生、染汚の位の阿頼耶識である。清浄の位の阿頼耶識は特別に阿摩羅識と云うのである。

④、法蔵菩薩という方は、果上の法性より衆生を助け摂し、衆生を助けようという願を成就せんがために、法界から法蔵菩薩という位にさがってくだされた、すなわち因位の菩薩の位にさがられた方である。だから菩薩であるけれども、法相唯識の阿頼耶識とは相違する。それ故、法蔵菩薩は迷いの位の根本識である阿頼耶識ではなく、阿摩羅識そのものでなければならない。

⑤、ここでは、阿摩羅識の働きとして、後述するような瑜伽唯識の論書に見られるような「無分別後得世間智」と同様の展開が見られます。

### 3、阿摩羅識（amala-vijñāna）とはどのような識か。

阿摩羅識が用いられた摂論宗系の唯識論書における用例の中で、とりわけ、阿頼耶識と阿摩羅識の関係を明らかに示す、いくつかの実例を通して、曽我先生の法蔵菩薩＝阿摩羅識説を明らかにしたい。

摂論宗系の論書『十八空論』（大正 31-864a）では次のように述べられています。

**「第三明唯識真実。辦一切諸法唯有浄識。無有能疑。亦無所疑。広釈如唯識論。但唯識義有両。」**

「第三に唯識が真実であることを明かす。一切の諸法は唯だ浄識であることを明らかにする。疑いはない。亦、疑われることもない。『唯識論』の如く、広く釈す。但し唯識の義は両つある。一は方便（唯識）――二は正観唯識――」

### 4、「方便唯識」と「正観唯識」について

**一者方便。謂先観唯有阿梨耶識。無餘境界。現得境智両空。除妄識已盡。名為方便唯識也。」**

一に「方便（唯識）」。先ず唯だ阿梨耶識のみがあり、餘の境界は無なることを観ることを謂う。現に境と智は二つとも空であることを得て、妄識（阿梨耶識）を除いて、已に尽きていることを名づけて「方便唯識」と為す。

**二者明正観唯識。遣蕩生死虚妄識心。及以境界。一皆浄盡。唯有阿摩羅清浄心也。」**

二に「正観唯識」を明かす。生死の虚妄の識心及び境界ともに遣蕩（払い除かれ）し、（識心と境界は）一つにして、皆、浄らかにして尽きる。唯だ阿摩羅清浄心のみがある。」

ここでは唯識を一「方便唯識」と二「正観唯識」に分かち、前者は妄識である阿梨耶識を残しすべてが尽きた、阿梨耶識のみの唯識であること、後者はそれら虚妄の識心及び境界すべて（阿梨耶識）が尽きた（＝無分別智、）、阿摩羅識（＝後得清浄世間智）のみ残存する唯識説を述べています。

註1、『転識論』（大正31 P.62c）では、「方便唯識」について、「不浄品」として、解説しています。

「一一識中皆具能所。能分別即識。所分別即是境。能即依他性。所即分別性。故云起種種分別及所分別也。由如此義。離識之外無別境。但唯有識義成。既未明遣識。惑乱未除。故名不浄品也。」

「一一の識の中に能と所を具している。能分別とは即ち識であり、所分別とは即ち境である。能とは即ち依他性であり、所とは分別性（遍計所執性）である。故に種々の分別及び所分別を起こすと云うのである。このような義によって、識を離れた外に別の境はない。但し識（阿梨耶識）を有するという義は成立する。已に未だ識を遣（払い除か）ず、惑は未だ除かれず。故に「不浄品」と名付く。」（cf.『三無性論巻上』大正 31-872a）

註2、『三無性論巻上』（大正 31-872a）では、「正観唯識」について、「真の如如」という言葉を用いて、

解説しています。

「次以分別依他。遣此乱識。唯阿摩羅識是無顛倒。是無変異。是真如如也。前唯識義中亦応作此識説。先以唯一乱識遣於外境。次阿摩羅識遣於乱識故。究竟唯一浄識也」

「次に分別依他（性）を以ってこの乱識（アーラヤ識）を遣（払い除く）る。ただ阿摩羅識のみが無顛倒であり、無変異である。是れは真の如如である。前の唯識の意義の中で、亦この識説をなすべきであった。先には唯一の乱識を以って外境を遣（はらい除き）、次に阿摩羅識が乱識を遣（はらい除く）故に、究竟には（阿摩羅識は）唯一の浄識である。」

## 5、アーラヤ識は無常、有漏法であり、阿摩羅識は常住、無漏法である。

『決定蔵論』（大正 30-1020bff.）

「断阿羅耶識即転凡夫性。捨凡夫法阿羅耶識滅。此識滅故一切煩悩滅。阿羅　耶識対治故。証阿摩羅識。阿羅耶識是無常。是有漏法。阿摩羅識是常。是無漏法。得真如境道故証阿摩羅識。——現在世中一切煩悩悪因滅故。則凡夫陰滅。此身自在則便如化。捨離一切麁悪果報。得阿摩羅識之因縁故。此身寿命便得自在。寿命因縁能滅於身。亦能断命。盡滅無余——入通達分故。修善思惟故。証阿摩羅識。故知阿羅耶識歟煩悩苦倶滅」

「阿羅耶識を断ずれば、即ち凡夫性を転ずる。凡夫法を捨てれば阿羅耶識は滅する。此の識が滅する故に（＝無分別）一切の煩悩は滅する。阿羅耶識の対治の故に。阿摩羅識を証（あか）す。阿羅耶識は無常である。是れは有漏法である。阿摩羅識は常住である。これは無漏法である。真如の境道を得る故に、阿摩羅識を証（あか）す。――現在世の中の一切の煩悩の悪の因が滅する故に。即ち凡夫の陰（蘊）は滅する。此の身は自在で即ち（幻）化の如くである。一切の麁悪の果報を捨離する。阿摩羅識の因縁を得る故に。

通達（初地）分に入る故に、善の思惟を修する故に。阿摩羅識を証（あか）す。故に阿羅耶識は煩悩と倶に滅する。」

従って、唯識には、『十八空論』等によれば、「方便唯識」と「正観唯識」の二つは次のように要約されます。

**「方便唯識」**とは、識の中に能と所を有しており、能とは依他性、所とは分別性（遍計所執性）であり、それ故に、種々の分別、所分別が起こる。しかし識の外に別の境はない。即ち、この識はアーラヤ識であり、アーラヤ識のみが存在する唯識である。

**「正観唯識」**とは、「方便唯識」がアーラヤ識のみが存在する唯識に基づくのに対し、アーラヤ識が滅し（アーラヤ識の転依＝無分別智）と阿摩羅識（後得世間智）の唯識である。

## 6、阿摩羅識の行者は「（幻）化の如く」である。

阿摩羅識の修行者は、前述の『決定蔵論』の**「その身体は（幻）化の如く自在」**である――等々と同様に、『摂大乗論釈』でも、衆生としての蘊（存在）は滅し、**その身体は自在で（幻）化の如く**であると言われています。

**「阿摩羅識**の修行者は**「（幻）化の如し」」**については、後世の瑜伽行派のタームでいえば、「乱識である阿頼耶識」の転依は「無分別智」であるので、「無分別後得智」に相当します。即ち、『決定蔵論』の記述がそのまま、次の『摂大乗論釈』に見られます。

「無分別智」（アーラヤ識の転依態）と「無分別後得智」との関連について、『摂大乗論釈』（大正31 P.297b）では次のように述べています。

「釈」釈して曰く。もし無分別智が障礙を滅して、仏法を出生するならば、此の後得智は復た何の所用があるか。無分別智（アーラヤ識）は彼の因果の法を説くことはできない。何故であるか。（それは）無分別である故に。此の故に後得智を必要とする。彼の因果の法を説く。一切時に不顛倒である。幻師が所幻の事（物）に於ける如くに、阿梨耶識の一切の所生のものは。これら皆、阿梨耶識を以って因とする。一切識の性相の中の者は。識性を以って因とする故に、**所幻の事（物）の如く**である。後得智は中に於いて不顛倒であり、亦た不倒と説く。」

更に、『唯識三十頌第二十二偈』で、「依他性が**後得世間智の行境**である」ことについて確認する。（cf. 宇井著『唯識三十頌釈論』P.135ff. 参照）

「しかし、出世間智の後に得られた智によっても亦見られないというのではない。たとえば、入無分別陀羅尼において説かれている如くである。すなわち「その後に得られた智によって、一切諸法を幻、陽炎、夢、反響、水月、変化と等しいと知解する」と。そして。ここにいう諸法は「依他性」に摂せられているものを意味する。」

更に『摂大乗論釈』（大正31 192c）は、「菩薩行」について、阿摩羅識の「（幻）化の如し」に関連して、次のように述べています。

「論に曰く、もし実には法（外界の対象としての物）が無ければ、如何にして諸菩薩は故らに作心し顛倒のない心で他のものに利益（済度の仕事）を作さんが為に六道において受生（生を取ること）するのかと、此の疑（疑惑）を決せん（除く）が為の故に、変化（化作）の譬（喩）を説く。」

「釈に曰く、譬えば実の変化の（化作された）塵（対象）はなく、変化者の所作に随って一切の所作の事が皆成じ所化の塵が顕現しないのではない如く、菩薩の受生も亦爾り。実には六道受生の身は無くして一切衆生を利益する事を作すこと及び受生身とも亦顕現す。」

このように、阿摩羅識は無分別後得世間智として、衆生利益の活動が想定されていますが、後代の「無分別智」「無分別後得世間智」という述語は、『摂大乗論釈』などで用いられていますが、上述した『十八空論』『転識論』『三無性論』『決定蔵論』の時代には存在していません。

## 7、法蔵菩薩は（幻師の如き）阿摩羅識の行者である

『摂大乗論釈』（大正31-207b）では次のように述べられています。

「論曰。由此義故。**菩薩如幻師於一切幻事自了無倒**。
釈曰。如幻師於幻事生見聞等四識。不依此識了別幻事。如本所解了別幻事故。於幻事中無倒。菩薩亦爾。由依本智了別故。於一切相及因果中。無復顛倒。是名［菩薩自利］。」
（「論じて曰く。此の義の故に、**菩薩は幻師の如くに一切の幻事において自ら無（顛）倒なることを了別する**。
　釈して曰く。幻師の如く見聞等の四識を生ず。此の識に依らずに幻事を了別する。本（もと）に解されていた如く、幻事を了別する故に、幻事においては無（顛）倒である。菩薩もまた、その通りである。本智によって了別する故に、一切相及因果中においても、復た顛倒はない。是れを名付けて「菩薩の自利」と名づける。」）

「菩薩の利他」はこれに続いて解説されています。

なお、右の『摂大乗論釈』（大正31-307b）はこれに先立って、次のような釈が述べられています。

「釈曰。菩薩以無分別後智。観此因果相。自然無顛倒。不執有外塵内根唯識是実有法。何以故。**菩薩已了別此等法似幻化等譬故**。不可依見聞覚知相判諸法為実有。何以故。此心是清浄本所流故。」
（「釈して曰く。菩薩は無分別後智を以って、此の因果の相は自然に無顛倒で、有なる外塵や内根に執

することなく、唯識こそ真実の有法であると観る。何故か。菩薩は已にこれらの法は幻化等の譬に似ているることを了別しているからである。――」）

曽我先生の「法蔵菩薩＝阿摩羅識」説は「無分別後得智」が『浄土論』の仏国土、仏、菩薩の世界で展開する中で、上述の**阿摩羅識**の「**（幻）化の如くである**」に関連して、上述の、『摂大乗論釈』（大正31-192c）で、「――一切の所作の事が皆成じ所化の塵が顕現しないのではない如く、菩薩の受生も亦爾り――実には六道受生の身は無くして一切衆生を利益する事を作すと及び受生身も亦顕現す。」等々に見られように、曽我先生の「法蔵菩薩＝阿摩羅識」説は正鵠を得ていることを確信します。

第三の**山口説**については、前著「**世親の浄土論と瑜伽行唯識**」において、全面的に取り上げたので本著では、概要の解説については省略します。

## 四、経量部の認識論における有形象（sākāra）論

唯識思想によって、『浄土論』への世親の足跡をたどる上で、彼自身、かって経量部にあって、『倶舎論』の編集に携わっていたという経歴からも、瑜伽行派の唯識説と極めて類似した「形象論」を展開した経量部の主張は注意しなければなりません。

ラトナーカラはその主著PPUなどにおいて、とりわけ、その主張における類似性に注意を払っています。

PPU, MAU, MAVなどに、経量部の「形象説」について、次のような「有形象（sākāra）論」を展開しています。

「経量部は言う。これもまた、我々の是認するところである。我々の識も形象を有する（sākāra）。この形象（ākāra）のみである境の影像（pratibimba）はXなる境によって知という鏡の上に、直接、映し出され、その境はその知（jñāna）によって知覚される。それの影像の知覚（saṃvedana）において、それの知覚を行なうからである。鏡面において、自らの姿を映すように。その場合、外の鏡においては、境の外貌（pradarśana）は虚偽のものである。酷似（anatisādṛśyāt）していないからである。更に、知（buddhi）という鏡においては虚偽ではない。特に類似しているからである。」（cf. PPU. Skt. P.43）

経量部の主張は、知において青色等の対象が形象として顕現しているという点で、ラトナーカラ自身すなわち瑜伽行派の主張と一致する。しかし経量部では、外界の対象は直接知覚されるものではなく、それの影像をもたらすものとしてのみ、外界の実在は認められています。しかし、それは知という鏡にその影像すなわち形象が映る時、それをもたらす存在が鏡の外になくてはならないものとして推理されています。そして心においては、鏡のように外界の対象はまったく完全にその姿を映しだされており、錯乱は全くないと主張しています。

「そこで、かの知によって境の働き（saṃvitti）は、いかなる結合（sambandhāt）の故であるか。「それ（境と相似したもの）の生起（utpatti）によってである」と言うならば、眼も、眼識によって知覚されるであろう。「相似するから」というならば、一境を見る多くの人々の、相互（に相違する）知を知覚することは過失である。生起したものに相似した二つのものに於いて」と言うならば、等無間縁もまた「等しい境」という境であろう。」(cf. PPU. Skt. P.44)

経量部では、外界の対象は知覚を生ずる能力あるものとして実在と考えられているが、それは知覚の対象であるために、次の二つの条件を満たすことが必要とされています。

**一、知覚はそれ（外境）より生起すること（対象生起性［arthotpatti］）**

**二、知覚はそれ（外境）と相似すること（対象相似性［arthasarūpya］）**

ラトナーカラは経量部の外境実在論を論破するために、右の二条件をもとに、過失を指摘します。

まず第一にかの知はどのような結合によって外境を知覚するかという問いによって、もし経量部が第一条件の、外境より生起したものとの結合によって、と答えるならば、知覚成立のための条件である根、境、識の三者のうち、根も対象であるから、外境より生起する対象として、「眼（根）」も眼識によって知覚される」という過失を指摘します。

次に第二条件の外境と相似するものによってと答えるならば、多くの人々が一つの対象を見る時には、相互に別々に相似した知覚が生じ、一つの事物の認識についての共通性がなくなるという過失としています。更に、外境より生じ、そしてそれが形象として顕現したものによってと言うならば、等無間縁である直前の心はそれ以前の刹那の対象より生じ、それが対象として顕現しているものであるので、外境に相似したものとして対象となるであろうと述べています。因みに、「等無間縁」とは、「前の刹那の心・心所が後の刹那の心・心所の生ずるための原因となることを言います。これは図示すれば、次の通りです。
ラトナーカラは無間識すなわち次の瞬間の知覚である、意知覚の等無間縁である感官知も境に相似しているので、すなわち境の形象を帯びて生じているので、対境となるであろうと論難しています。

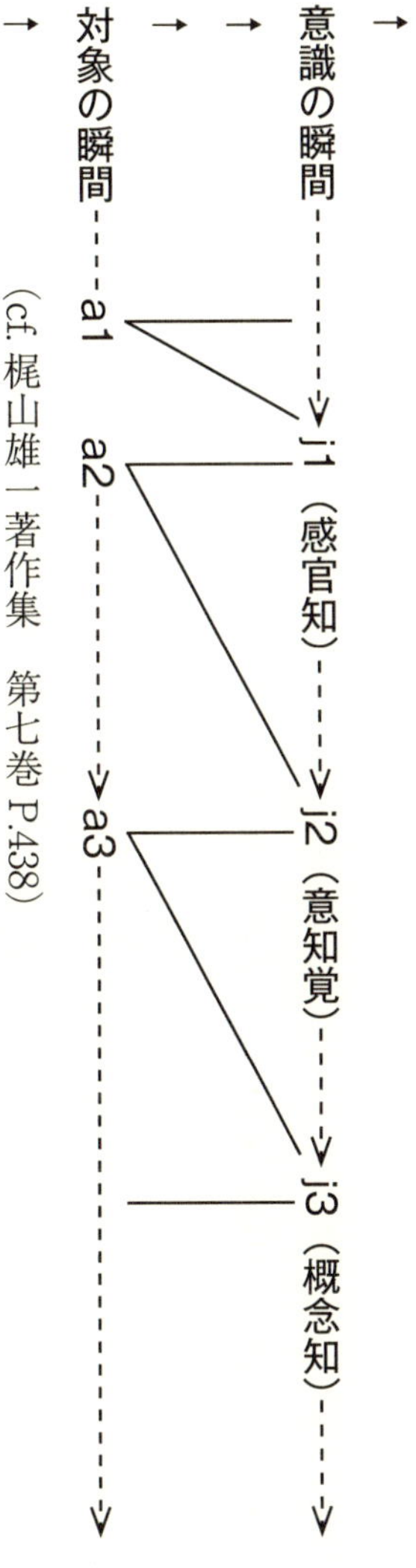


（cf. 梶山雄一著作集　第七巻 P.438）

a1という対象によって生じた感官知j1は、時間的にはa1より一瞬遅れたておこる。このj1を質量因として、同一人の意識の流れの中でj2が次の瞬間に生ずる。これを意知覚と言い、上述の無間識とは図のj1を意味します。

このように、全体として外境に似ているならば、知も外境のように物質的なものとなり、もし一部のみが相似していると言うならば、一部のみが相似しているのに、対象が全体として了知されるのは誤りであろうと。従って外界の対象は全体としても部分的にも知の形象として顕現する限り、錯乱のない知は外境よりは絶対に生じないと瑜伽行派は主張しています。

ラトナーカラは瑜伽行派の立場に立って次のように、結んでいます。

「何故、境が存しない時、境の形象（ākāra）である知は、場所、時間の限定したものであるかと言うならば、無境である時、無始以来、分別された習気によって撹乱された心より、場所、時間の限定された境が顕現する知が生起するからである。睡眠によって損なわれた故に、夢におけるように。」

（cf. PPU. Skt. P.44）

## 五、瑜伽行派における有形象（sākāra）論者と無形象（nirākāra）論者への批判

ラトナーカラはその著書、PPUにおいて、瑜伽行派である、有形象論者と無形象論者に対する、それぞれの形象論について、批判を展開しています。彼自身の立場は正統派として、顕現（prakāśa）は実有、形象（ākāra）は無であることを立場としています。

### 1、有形象論者の有形象論

「有形象論者（sākārajñānavādin）である、瑜伽行派と中観派の者達は、このように主張する。青色（形象）と顕現という、虚偽と虚偽ではないものという二つの自体は生起しない。（虚偽と不虚偽という）

矛盾した法は不可能である故に。（二つの）自体が存しない時、青色は顕現しないであろう。それ故に、青色は顕現を自体とするものである。無増益である青色は実体（vastubhūta）である。実在である故に（vastubhūtād）、無増益である故に、あるいは顕現である故に、例外なきものである故に（avyatirekād）。

それらの一切の顕現によって顛倒のない自体を領納するから、迷乱の、畢竟存在しないことになるであろう。それ故に一切衆生は常に正等覚者となるであろう。」（cf. PPU. Skt. P.47）

有形象論者の主張は、青色等の形象（ākāra）も、増益なき実在である顕現と同様に、実在であるというものです。もし彼らの主張するように、形象も実在であるならば、人々は青色等の形象を知覚するだけで、迷乱なき実体を知覚することになり、それだけで、正等覚者となるであろうとラトナーカラは主張しています。

## 2、無形象論者の無形象論

「無形象の唯識論者（nirākāravijñaptimātravādin）は残された。何故、彼らの顕現は虚偽であるのか。虚偽は排除されていないからである。青色等の形象のように、というならば、無増益のものと無差別であることは「不成」である。無差別のみのものは「不定」である。疑惑のある「異品」は排除されているからである。如実ではない自体を如実の有であると誤って考えられることが生ずるからである。

かの智覚（buddhi）が牛性の常住等（と誤って考えられた）ように。しかし空性を逸脱する故に、「不定」である。「それもまた、虚偽である」というならば、空性を見ることも迷乱であろう。青色を見るように。迷乱と増益と色（rūpa）は虚偽である。しかし顕現は顕現する本来の色は現量によって成立したものである。部分のない故に。存在（bhāvana）において、この本来の色は（現）量である。（形象と顕現との）二つによって成立しているからである。この本来の色性（rūpatva）によって成立するそれは無増益で、非虚偽（analika）で、成就したもの（siddha）である。虚偽（alīka）と虚妄（vitham）と迷乱と増益とはシノニムである。」（cf. PPU. Skt. P.50ff.）

無形象の唯識論者の主張は、心は青色等の境として顕現する。そして青色等の形象が虚妄であるように、顕現自身も、青色等の形象と同様に虚妄であると主張する。換言すれば、顕現も形象も虚偽であると主張するならば、これに対し、ラトナーカラは、心は顕現しつつある時、無始時来の迷乱の習気によって増益されて、青色等が境として現われるのであって、青色等の形象は虚妄であるが、顕現それ自体は真実で無垢のものと考えています。すなわち青色等と顕現はその性質が相違すると考えています。

右の無形象論者の主張を論証式に整理すれば、次の通りです。

「顕現は虚妄である。虚妄の形象と無差別である故に。青色等の形象のように。」

無形象の唯識論者は、右の三支作法で言えば、顕現は宗（pakṣa）であり、虚妄の無差別性は所立法（sādya）

であるから、無差別性を有することで、顕現と似ている形象は〔同品（sapakṣa）〕です。それ故に、それは「無増益のもの（alīka）＝顕現と無差別のものとして、それは無形象論者の「顕現は虚妄であること」を立証することはできないので、〔不成〕である」と言われています。

更に、形象は顕現に対して、本来は対立する「異品」であるべきであるが、本文では、「顕現と共に虚偽であるので、（〔同品〕であるべき）形象が〔異品〕であるとするならば、それは〔異品〕となることに疑問があるから、「疑惑のある異品は排除されているから」（vyāvṛttikatvāt）と述べられています。

更に（さもないと）、かの知覚が如実ではない自体を如実の有であると誤って考え、かの「牛性」の常住等のように、「空性」を逸脱して見るので、それは〔不定〕であると考えられます。

もし無形象論者の唯心論者が、青色等の形象として顕現しているもの（識）が虚妄であり、虚妄である「形象」と同様に、本来、真実であるべき「顕現」も虚妄であると主張するならば、「形象」と「顕現」との両者は、虚妄であるのに、顕現して見られるという点で、両者には、存在しないのに存在するという増益の自性があることになります。それは本来、実在しないはずの「牛性」の常住性を説くようなものです。その場合、顕現が虚妄であれば、空性も迷乱となるから、青色等の形象を見るように、空性を見る智も迷乱であるという過失となると主張しています。

ラトナーカラは、顕現＝真実、形象＝虚偽という自己の立場に立って、「顕現と形象を虚偽とする無形象論者」を次のように批判して、全体を結んでいます。

「顕現は顕現する本来の色は現量によって成立したものである。それは部分のない故に、存在において、この本来の色は現量である。（形象と顕現との）二つによって成立しているからである。この本来の色性（rūpatva）によって成立するそれは無増益、非虚偽（analīka）、成就したもの（siddha）等である」と結んでいます。

# 第二章　瑜伽行唯識説とは

## 一、唯識説は瑜伽行の修得者・菩薩によって説かれた。

瑜伽行の修得者・菩薩によって、ラトナーカラのPPUでは、それの『無分別陀羅尼』(Avikalpapraveśadhāraṇi) によって、次のように、後得清浄世間智によって、唯識説は解説されています。まず、『無分別陀羅尼』に、次のように述べられています。

「無分別界に住する菩薩は所知と無差別の (jñeyanirviśiṣṭena) 智によって、智によって、虚空の表面 (ākāśasamatalān) を、一切法であると見る。それの後に得られたものによって (tatpṛṣṭalabdhena)、幻 (māyā) と陽炎 (marīci) と夢 (svapna) と影像 (pratibhāsa) と反響 (pratiśrutkā) と影像 (pratibimba) と水中の月 (dakacandra) と化 (nirmita) と等しいものと等しいものと一切法を見る」と説かれている。

「所知と無差別のもの」とは出世間智であり、「所知と」とは「一切法と」であり、「無差別」とは一味である真如のみを見るからである。或は、所知の故に、真如の故と差別はない。そのように一味であるからである。或は所知の故に、真如のみの故に、「無差別（aviśiṣṭa)」は「無差別（abhinna）である。それ故に差別のないことによって顕現するからである。真如が知られて、それの能取によって顕現しないから、法と有法の諸相の消滅するからである。「虚空と等しいもの」とは虚空のように平坦なものである。すべての面を遮るものがなく等しいことが「平坦なもの」である。「それの後に得られたものによって」とは出世間の力を得ることによって得られた清浄世間智によって、かの有情世間を「幻のように」見る。実在しない男女等の存在として見るからである。器世間は「陽炎のように」虚偽のもののように、水として顕現するからである。「夢のように」とは諸々の境界を享受することである。無実体であるからである。身業は「影像のように」鼓動しないからである。口業は「反響のように」、（実際の）音声が存しないからである。非寂定（asamahita）の状態にある意業は「水中の月のように」、軽安という水に濡れているからである。他の者によって課せられた（paropahitam）意業は「変化のように」見られる。他の者に服従しているからである。」(cf. PPU. Skt. P.77ff.)

修行者は瞑想の中で、まず第一に、一切法を観察し、それは心における対象そのものであり、心以外のものではないと観察する。第二には、唯心として顕現したものは心以外のものではないから、客観の対象は存在しないことを知る。第三は、客観の対象の非存在により、それを対象とする主観も存在せず。従って、二つのものが空であると知って、二つのものを超えた見道に到達する。そして、第四段階において、修道に達し、これまでに修得した見道の覚りをさらに反復し深めつつ、更に法と法性の相が全く顕現しない出世間無分別智を獲得するが、その直後に、後得清浄世間智を得て、菩薩は説法等の菩薩行をすると言われています。

## 二、唯識説は清浄世間智によって説かれた。

ラトナーカラはMAUにおいて次のように説いています。

「かの不顛倒の真実（性）は出世間智であり、それは無影像地と浄心地と金剛喩定の位において一切法を虚空と等しきものと見る。出世間地（の後に得られた智）によって、一切法を幻（等）の八喩と等しきものと見ると説かれる。それを「清浄世間智」と言い、かの智は真実（tattva）を洞察するから、「清浄」であり、迷乱によって、「世間」である。このように、仏地を求めることによって、少しばかり迷乱のある正等菩提である。清浄世間（智）を自性とするからである。

かの諸々の地において、諸々の知は転依し、異なって成熟する。従って、智は二つのものであり、世間智と出世間（智）とである。世間智はさらに、不清浄世間智と清浄世間智とである。

この（二つのものの）理趣は（前者は）無形象（nirākāra）であり、世間智において形象が滅した後に、真如、無二、無戯論、自在、無顕現が生ずる。（後者の）世間智は形象を有するが、形象は虚偽（mṛṣā）であり、非実在（asat）であり、断絶したものであるので、それは無形象と言われる。」

（cf. MAU P.226a-5ff.）

清浄世間智とは、上述したように、一切法を幻等の八喩と等しきものと見る智であり、それは明らかに智者の智であって、出世間無分別智が得られた後に得られる後得智として、人々に音声と分別によって勝義を顕示するので、「顕示の世俗」とも言われています。それはまた、雑染より清浄への転換が行われる依止としての依他性を行境とする智でもあります。(cf. 山口著『世親唯識の原典解明』P.368ff.)

ラトナーカラによれば、右の文中の「二つのもの」とは、前者は出世間無分別智であり。形象は滅しているのに対し、後者は後得清浄世間智であり、形象は虚偽ではあるが、一切法を見るものとして有なるものと言われています。換言すれば、出世間無分別智によって、形象がすべて滅して無顕現となった後、後得清浄世間智によって、形象は、再び教法として唯識説が世間に対して説かれる手段として甦って展開することを意味しています。

## 1、「一切法は唯識である」ならば、客観と主観はどのように把握されているか。

客観の分別性として、ラトナーカラのPPUでは、対境である、色、声等の所取とそれを能取する眼、耳等の十二処が含まれます。

「これらの相(対境)等の記述は、広く、経において(説かれているから)、要約して、ここに述べる。諸法の自性は名称と結合した(nāmasaṃsargena)意言(言葉)によって分別されている、それは分別性である。相(対境)の如くには存しないからである。それは色、声、眼、耳等のごときものであ

る。しかしそれは略説すれば、二種のもの、所取、能取である。」(cf. PPU Skt. P.25)

瑜伽行派では、客観の対境である分別性は、このような所取、能取の二取として、「法相唯識」のような「空華のような情有理無」ではなく、全くの「理無」とされています。全く存在しない、客観の分別性について、『大乗荘厳経論』求法品、第三八、三九偈、安慧釈でも、次の様に解説しています。

「①言葉に言われた通りに事物があると感受することが目印となること、②それの習気があること、③それからもまた事物が現われでるものが分別性である」しています。」

①については、「それは瓶と毛布である」という言葉が「言葉」である。「言葉通りに感受すること」は心所法であり、「これは瓶であって毛布ではないと分別する」ことである。この意味は、瓶等の言葉の意味を熟知していない者達が、瓶、毛布等を「これは瓶である」「これは毛布である」と分別する時、その分別の対象である、瓶、毛布等を「分別性」と言います。

②については、アーラヤ識に積集されている「それらの習気」もまた「言葉通りに事物の知覚が生ずる因となるので、「分別性」です。

③については、習気からも、また言葉に通暁していない諸々の凡夫に対して、「首とふっくらした腰部と丸い腹部を持っているもの」を名付けて、「瓶」という「言葉のように」事物を知覚することがなくても、心に「瓶」のように現われ出るものを、「瓶」そのものとは知らず、「これは何かである」という分別を起こすものも「分別性」であり、いずれも実在しないものと言われています。

「④名称と事物とがあるに応じて事物が現われ、名称が現われるならば、それは虚妄分別の目印（nimitta）であり、分別性である。」（第三九偈）

④については、名称に依って事物を有ると分別する時、名称は虚妄分別の目印であり、事物によって名称を有ると分別する時、事物は虚妄分別の目印であり、このように、「事物を有ると分別すること」と「名称は有ると分別すること」が分別性であると言われています

## 主観である依他性について

PPUでは、次のように説かれています。

「依他性は虚妄分別と説かれ、それにおいて虚妄なるものが分別され、或いはそれによって虚妄なるものを分別する。それ故、マイトレーヤ世尊は説かれた。「分別（性）と依他（性）と真実（性）は、境の故に、虚妄分別の故に、無二の故にと説かれている。」

それはまた、「三界の心、心所であり」、その中、境の自性を了別するもの（upalabdhi）ものが心であり、それの差別を了別するものは心所である。」

（cf. PPU. Skt. P.26）

『大乗荘厳経論』第四十偈では次のように、依他性を分類して解説しています。

「三種と三種に顕現して、所取と能取を特相とする虚妄分別は依他相である。」

依他性は虚妄分別であり、虚妄分別は三界の心、心所であると説かれています。三界の心、心所である依他性はアーラヤ識、染汚意、生起識の三種等に分類され、更に、アーラヤ識を諸根と器世間と五境に分類され、生起識は六識に分類、それらをあわせて十八界として顕現する自体であることが明らかにされています。

更に、PPUでは、分類法は、三種、四種、六種、八種等もありますが、ここでは、詳細は省略します。（cf. PPU. Skt. P.27ff.）

**主観である依他性は客観（分別性）の無により断滅する。**

「更にまた、二つのもの（所取、能取）が存しないのに、二つのものとして顕現する識は分別性に執着する習気の力より（abhiniveśavāsanābalād）生ずるが、それが断滅する時、かの一切法の依他性は生じない。因縁に依止するからである。」（cf. PPU. Skt. P.25）

**唯識説は顕現説である。**

ラトナーカラは「唯識」と「顕現」という概念との関連について、PPUで次のように述べています。「この三界は唯心より成立する」。心と意と識（vijñāna）と識（vijñapti）はシノニムである。このように、一切法は唯識（vijñānamātra）を自性とするから、所取、能取より離れている故に、無自性である。

さて、唯識を自性とすることにどのような道理があるか。説こう。ここに顕現（prakāśa）を自性とするものとは諸法の顕現しつつあるもの（prakāśamāna）という領納が成立する。顕示（pratibhāsa）は顕現（prakāśa）と、顕現しつつあるもの（prakāśamāna）と知覚されている（prakhyāna）。それは実に無感覚ではなく（ajaḍa）、現前するもの（aparokṣa）、遍満するもの（parisphuṭa）である。それが成立しない時には、何も顕現しつつあるもの（prakāśamāna）が成立しないという過失となる。成立する時には、それこそ知（jñāna）であるので、一切法は知を自性とするものとして成立する。」（cf. PPU. Skt. P.41）

唯識説では、外界の対象は知がそれとして顕現したものであって、外界の対象自体の存在は認めていません。換言すれば、知が外界の対象として顕現しないならば、一切法は成立しないと述べています。

## 2、三性説に基づいて「一切法は唯識である」は立証される

ラトナーカラは、PPUにおいて、三性の関係を次のように位置付けています。

「それ故に一切法は唯心（cittamātra）と唯識（vijñānamātra）と顕現（prakāśamātra）のみであるから、識（vijñapti）の所取である外境（色等の六境）は存在しないから、諸々の識（六識等）も能取（眼等の六根）を自性とするものとして存在せず、この二つは意言であるから、一切法の分別性

（parikalpita-svabhāva）である。何に於て分別されるか。無境であるのに、分別性に執着する習気より生じた、境として顕現する虚妄分別においてである。かの虚妄分別は諸法の依他性（paratantra-svabhāva）と迷乱と顛倒と虚偽智（mithyājñāna）とである。このように、それの所取と能取の形象は迷乱と汚染との智からのみによって顕現することにより虚偽であるからである。かの虚妄分別についてこのように言われる。

「それのかの自性（rūpa）は虚妄である。」

「真実（bhūta）とは何か。顕現（prakāśa）のみである。それ故にかの形象（ākāra）は「迷乱の相」と虚偽（prapañca）の相」であると説かれる。迷乱の所縁であるからである。「二つのもの（所取と能取）の相」とも説かれる。二つのもののように顕現するからである（dvayapratirūpakatvāt）。」

「かの一切の虚偽の相が出世間智において滅する時、それ故に、それは無迷乱と真実智と言われる。それ故に、それは無迷乱と真実智と言われる。

それ故に、それはまた真実性（pariniṣpanna-svabhāva）であり、無迷乱によってそれは真実性である。不顛倒なるものとして成立するから（avikāra-pariniṣpattya）真実性である。（cf. PPU 161a-163b-6ff. Skt. P.34ff.）

真如は不変異（nirvikāra）として成立するから不変異の真実性である。ここで（依他性の）「他」とは無始の故に（anādimattvāt）分別の因（＝形象 cf. MAU））のことである。真実の智はそれと反対のものであり、今、修習の因より生じているからである。虚妄分別は実に依他（性）であり、真実の智ではない。その中、分別（性）の法と虚偽の相とにおいては、因と果が滅せられる。それらは虚偽のもの（alikatvāt）であるからである。さもないと、心、心所の顕現である有身（prakāśaśarīra）は滅しない。」（cf. PPU. Skt. P.34ff.）

一切法は唯心であり、唯識であり、顕現のみであると言われ、所取の非存在により能取も非存在であるから、境である所取と能取の、二取の非存在のものは「分別性」と言われ、分別性は何において分別されるかという問に対して、それが虚妄分別である「依他性」において分別されることが明らかにされています。それが虚妄分別であるのはそれにおいて、所取、能取の形象が迷乱等の力によって実在のように現われるからであると言われています。

虚妄分別の虚妄（abhūta）に対して、真実（bhūta）とは何かと問う。それに対して顕現のみすなわち自証という現量（PPU Skt. P.52）のみと答え、その顕現に対して過去の習気により汚染されることによって構想された形象は迷乱等の相と言われ、所取、能取の二つのものと言われます。そしてそれらの虚偽なるものが出世間智において滅せられた時、無迷乱、真実智と言われます。それは三性における真実性であり、不顛倒の真実性、不変異の真実性と言われます。

ここで依他性の「他」とは無始時以来、続く虚妄な分別の因すなわち形象であって、それ故に依他性は「形象」に依る智であって、真実の智ではないと言われます三性説を要約する。

**ア、分別性（二つのものの自体がすべて無であること）**

（一切法は唯識、唯心、顕現のみであるので）識の所取である外境である（色、声、香等の六境）は存しない。それ故に諸識（眼識、耳識等の六識）を自性とする能取（眼、耳等の六根）も全く存しないこと。

**分別性**＝無である所取、能取＝無である対境＝無である形象（ākāra）

**イ、依他性（二つのものとして迷乱を自性とする有であること）**

妄分別された自性（分別性）に執着する習気によって、二つのもの（所取、能取）は存しないにもかかわらず、二つのものとして顕現するが（虚妄分別）、それら（二つのもの）が捨てられた時、生じなくなる、かの識は因縁によるから、一切法の「依他性」である。（依他性の「他」とは形象（ākāra）であり、依他性は形象によって成立するものを意味する）

**依他性**＝虚妄分別＝アーラヤ識（形象として顕現する）

**ウ、真実性（空を自性とすること）**

依他性において対境（分別性）が虚妄のものとして存在しないこと。無境でありアーラヤ識、依他性が、それ故に無境なる識として空であり、常に対境より遠離し、別離したものとなっていること。

**真実性**＝唯識（唯心）、顕現のみ、現量のみ＝無迷乱＝真実智

註1、三性の名称は、ここでは、真諦訳の**「分別性」「依他性」「真実性」**を用いている。その理由は、両者を対比すれば明白であるが、ラトナーカラの用いている三性のそれぞれの意味は、玄奘訳の**「遍計所執性」「依他起性」「円成実性」**とは内容的に全く相違しているので、混同を回避するため、意味的に類似する真諦訳の用語を使用する。

註2、三性は本来、分別性は「二つのもの（所取、能取）の無」、依他性は「二つのものの無の有」、真実性は「空」に分類される。

但し「三有」として分類される時のみ、次のように分類される。

分別性は、「実有（dravyasat）」である依他性に客観の境として、直接対峙する場合は「仮有（prajnaptisat）」であり、真実性は「勝義有（paramārthasat）」となる。（cf. PPU. Skt. P.25ff.）

## 3、「分別・依他の二性」と「真実性」は不一不異、「煩悩即菩提」の関係にある。

ラトナーカラはPPUの中で、次のように述べています。

「かの虚妄分別は一切の有漏の行と一切の汚染と一切の輪廻である。」

「真実性であるものは虚妄分別の空性を自性とするものである。何が空であるか。二つのものが（空）

である。所取と能取として分別されるからである。かの空の相（真実性）は「虚妄分別であるものにおける二つのものの無（分別性）」と「二つのものとして無であるものの有（依他性）」（dvayasyābhāvo dvaya-abhāvasya ca bhāvaḥ）」とであると意趣されている。何故ならば、この空性の二つのものの無であることから、有ではなく、二つのものの無が有であることから、無でもない。

『解深密経』等には、「それ（空性）は諸行とは異ならないのでもなく、異なるのでもはない」と説かれている。すなわち、もし（空性）がそれら（諸行）異ならないならば、諸行を見る諸々の愚人たちは空性を見る者となってしまうであろう。それ故に、真理（satya）を見た者、（すなわち）阿羅漢より等正覚者となってしまうあろう。また、諸行が雑染であるように、空性もまた雑染となってしまうであろう。また、それ（空性）はまた常住であるから、雑染も常住となってしまうだろう。更に、空性は一切の諸行において無差別であるように、それら（諸行）の自性もまた無差別となってしまうだろう。更にまた修行者達は空性の上に更に更に別の真実を求めないように、諸行の自相の上に更に別の真実を求めようとはしないであろう。それ故、それ（空性）はそれら（諸行）と異ならないのではない（不一）。

「異なるのではない（不異）」とは何故であるか。それ（空性）はそれら（諸行）の無我のみであり、法螺貝の白色性のようなもである。更にもしそれ（空性）がそれら（諸行）と異なるならば、真実を見る者達にも、諸行の相の克服とはならないであろう。それ故に相の縛（nimittabandhana）と麁重の縛（dauṣṭhulyabandhana）より解脱しないであろう。それ故に、彼らには涅槃も正覚もないであろう。更に、それらには一切の諸行において共相（sāmānya-lakṣaṇa）ではないであろう。汚染と清浄という異なった性質のものが成就する時には、共に（異なったものであろう。それ故に、それ（空性）はそれら（諸行）より異なるのではない。」

「二つのものの無（分別性）と無の有（依他性）は空の相（真実相）である。有でもなく、無でもなく、異なるのでもなく、同一の相でもない」とは、これは空の相である。」（cf. PPU. Skt. P.28ff.）

## 4、「煩悩から菩提への移行」、アーラヤの「心性本浄説」とは。

「煩悩即菩提」は、巷間で言われているような、単なる煩悩と菩提の「相即不二」ではありません。我々が成仏を考える場合、もし人間と仏が等しい場合には、人間は即仏であるので、修行の必要が認められません。更に人間と仏が全く相違すれば、人間は永久に仏になることは不可能です。PPUでは、「煩悩即菩提」の「不一不二」は、両者をつなぐものとして、心性清浄説のような『中辺分別論』I-16,21,22）の引用または『摂大乗論釈』（31-193b）の「金蔵土の譬喩」のような手段が考慮されています。ラトナーカラはPPUで、続けて次のように述べています。

前時には、かの汚染を自性とするものではないが、偶来の垢を有するものであり、後に聖道によって、それら（汚染を自性とするもの）は滅せられることから、清浄となり無垢となる。譬えば、水界と金と虚空は自性清浄であるが、偶来の濁りと銅と霧等によって垢を有するものがそれらを離れるようなものである。それ故に、それは汚染されたものでもなく、清浄なものでもない。心の法性は自性として清浄であるから、汚染されたものでもないが、清浄なものでもない。偶来の垢が積集しているからである。「それは有垢であり、無垢であり、汚染されたものであり、清浄なものであり、水界と金と虚空が清浄であるように、清浄である」と説かれる。（MV I-16）」、「もしかの汚染されたものでないならば、一切の肉体のあるものは解脱したものとなるであろう。もしかの清浄にされないならば、努力は成果のないものとなるであろう。」MV I-21）、「汚染されたものではなく、汚染されないものでもない、それ（空性）は清浄でも清浄にされていないのでもない。心の自性は輝き、清らかなものである。諸々の煩悩は偶来的なものであるからである」（MV I-22）。（cf. PPU. Skt. P.29ff.）

汚染した世界より清浄な世界への移行は心の自性清浄説によって説かれている。それは水や金や虚空は本来、清浄であるが、偶来の濁りや銅や霧などによって濁り、不純なものとなり、かすんでいるが、それらを離れる時、本来の清浄な状態にもどるように、人々の心の本性は清浄であるが、偶来の垢である煩悩によって汚染されたものとなっているのであってそれらの垢が除去されるならば、本来の清浄なものになると説かれています。

ラトナーカラはMV I-16,21,22偈を引用して、もし我々の心は最初に汚染されていないならば、すべての人々はそのままで解脱したものとなっているであろう。さらに、後に清浄にされる可能性がないならば、覚りを求める努力は何ら成果のないものとなるであろう。それ故に、我々の心は汚染されたものではなく、汚染されていないものでもなく、清浄でも清浄にされていないものでない。心はは本来、輝き、清らかなものであり、心に潜む煩悩は偶来的、外来的なものであると述べています。

## 5、アーラヤ識の止滅、涅槃とは。

「涅槃（nirvāna）とは何か。ここに、修習の力によって、瑜伽行者の出世間智が生ずる。それはまた、声聞と独覚の、我と我所の自性の空性であることにより、一切法の所縁を、諸菩薩の所取、能取の空性により、また、それの修習により、智が最初に生ずる（位）は「見道」と言われる。未知の勝義を見るからである。それ故に、それを幾度も幾度も領解する（位）は「修道」と言われる。これらの見道と修道で断たれるべき、一切の煩悩の随眠を除去する故に、声聞と独覚は阿羅漢となり、菩薩は、十地において、如理に煩悩障と所知障を滅尽する習気の除去を行なう時、その時、如来、阿羅漢、正等覚者となる。これら三阿羅漢はアーラヤ識を除去する。」（cf. PPU. Skt. P.32）

ここで涅槃に到達する者として、瑜伽行者を声聞、独覚、菩薩の三者に分類していることは注意すべきである。この中、声聞、独覚は我と我所を自性とするものの空を了得し、修習によって勝義諦を見て、見道に至り、修道に到達し煩悩の種子を断つので、阿羅漢となり、アーラヤ識を除去すると言われます。一方大乗の菩薩はすべての事物は所取、能取として空であると了別し、初地において、見道にいたり、二地以上で、修道に到達し煩悩障と所知障の種子を断ち、共に平等に如来、阿羅漢、正等覚者の三阿羅漢位に到達して、アーラヤ識を消滅すると言われています。我々はここに瑜伽行派の覚りにおける平等主義を見ることができます。

## 三、「五念門」と瑜伽行唯識

### 1、『大乗荘厳経論』の瑜伽行は「五念門」の源流ではありえない。

小谷博士は、「浄土論」の「五念門」の源流について、大竹博士の『大乗荘厳経論』XIVの瑜伽行を想定しています。（cf. 小谷 ibid.P.29ff.）

大竹博士が「五念門」について、その著（『無量寿経優波提舎願生偈』解題（新国訳大蔵経 18 p.294）で「五念門という纏めかたが『大乗荘厳経論』教授品（XIV）に近似する」と述べ、更に「地前の一阿僧祇を径た菩薩が静慮を修習し、仏からの教授を得て初地に進む様子を描いている」と述べている点に、小谷博士は着眼して、安慧釈を駆使して、最後には、「教授品」の記述と「五念門」を対比して、両者の近似性を指摘しています。

とりわけ、大竹博士説を補足する形で、上述の『大乗荘厳経論』XIVと「五念門」を対比し、前者を後者「五念門」の源流と想定する小谷博士の主張を検証したい。

**ア、『浄土論』の五念門の内の作願門においては奢摩他によって極楽への往生を作願することとして説**

かれ、観察門において毘婆舎那によって極楽を観察することが説かれることが、『大乗荘厳経論』XIVでは「静慮において諸仏を供養し聞法すること」が説かれることと符合するという主張は正しくありません。厳密には、極楽往生の作願と極楽の観察も、XIV「教授品」の「静慮において到達する。――無量の諸仏を供養し聞法せんがために諸世界に趣く。」とは全く同義ではありません。五念門の極楽とは「阿弥陀仏の浄土」ではありませんか。

これはむしろ、先の『大乗荘厳経論』XIV、十七偈ではなく、『無量寿経』に先立つと想定されている『般舟三昧経』行品第二（3J）の次のような影響と考えるべきです。

「佛陀によって支持されての三昧に浸る菩薩たちは、あれこれの方角に如来・応供・等正覚なる仏陀がおられる、その方角に向かって仏陀を見ることができるように憶念するのである。――すなわち、仏陀を見ることができるということは、この［般舟］三昧の自然な結果（等流）なのである。この三昧に没頭している菩薩は、仏陀の力と［菩薩］自身の植えた善根の力と三昧の力と、これらの三種が集まり、共同することによって、もろもろの如来を見るのであり、［如来が］現れるのである。

**註――般舟三昧＝阿弥陀佛三昧**（cf.『梶山雄一著作集』第六 P.133）

**イ**、『大乗荘厳経論（SVB）』（XIV）では、この後に、浄勝意楽地（初地）に入って真如を証得することが述べられていますが、『浄土論』の観察門でも「観察阿弥陀仏功徳荘厳」の最後の「不虚作住持荘厳功徳成就」に対する「浄勝意楽（初地）の菩薩」が述べられているので、両者は同義であると主張しています。しかし「不虚作住持荘厳功徳成就」の中では「未證の浄心菩薩」は、彼の仏を見れば、平等法身を得証して浄心菩薩と上地の諸菩薩と等しくなることを、言わば約束されています。一方、これと同義と主張されている、『大乗荘厳経論（XIV）』は、単に「如来に無量の供養をなしおえた菩薩は、初地を未だ得ない前に、五種の勝徳（初地を得るにいたる兆相）を得るであろう」という内容に過ぎません。これだけの内容で、観（毘婆舎那）のみの修習によって、極楽国土、阿弥陀仏、諸菩薩を観察するという、観察門の源流とすることができるでしょうか。

『浄土論』における「不虚作住持荘厳」は未証の浄心菩薩（初地以上七地以前の菩薩）について、「仏を見れば」という条件で「八地以上の菩薩」になることを述べています。「不虚作住持荘厳」は次のように述べられています。

「偈に「仏の本願力を観ずるに、遇て空しく過る者の無し、能く速に功徳の大宝海を満足せ令む故に」と言われる故に。すなわちかの仏を見れば、未證の浄心の菩薩は結局、平等法身を證することを得る。浄心の菩薩と上地の諸菩薩とは結局、同じく寂滅平等を得るからである」（幡谷編 ibid. p.64）

「不虚作住持荘厳」については、初地の菩薩になるか否かの問題よりも、むしろ「願偈の大意」について「未証の浄心菩薩の見仏」という、もっと重要なことが述べられています。

「論曰〈願偈大意〉。此の願偈には何の義をか明す。彼の安楽世界を観じて阿弥陀仏を見たてまつり彼の国に生ぜんと願ずることを示現するが故に。」

「願生偈」の願生の目的である「見仏」について直接的に説かれているのは、この「不虚作住持荘厳」のみです。

幡谷博士は次のように述べています。（『曇鸞教学の研究』p.91）

「『浄土論』において、見仏の語が見られるのはこの箇所のみであるから、ここに願生浄土のまさしくの目的が示めされていると言ってよいであろう。すなわち、世親において見仏が求められたのは、平等法身のさとりを得るためであり、しかもそれを、未證浄心といわれる仏道において空過退転する者が、浄心・上地と示される必定の菩薩に転成することとして表わされていることは注意すべきである。」

『教行信証』證巻（『真宗聖典』p.285）では、まず「平等法身」について、次のように解説しています。

「〔平等法身〕とは八地以上の法性生身の菩薩である。寂滅平等（この法身の菩薩の所證）の法である。この寂滅の法を得ることのゆえに名づけて〔平等法身〕とする。（それは）平等法身の菩薩の所得しているものであるゆえに、名づけて〔寂滅平等の法〕とする。この菩薩は報生三昧（果報として自然に生じた寂静の境地）を得る。三昧の威力によって、よく、一処、一念、一時に十方世界に遍く趣き、種々に、一切の諸仏および諸仏の説法の会座に集まっている無量の大衆を供養する。よく無量の世界において仏法僧の存在しない所で、種々に身を示現し、種々に一切衆生を教化し、解脱を助け常に仏事をなすが、はじめから、往来しようという想い、供養しようという想い、解脱させようという想いはない。このゆえにこの身を名づけて〔平等法身〕とする。この法を名づけて〔寂滅平等の法〕とする。」

続けて、上述の「未證の浄心菩薩」とはどのような菩薩かについて述べています。『教行信證』證巻（同、p.285）では次のように述べられています

「〔未證浄心の菩薩〕は、初地以上七地以前のもろもろの菩薩である。この菩薩はまたよく身を現わして、もしくは百、もしくは千、もしくは万、もしくは億、もしくは百千万億、無仏の国土において仏事を実施する。必ず心をこめて三昧に入り、今すぐに作心（心をはたらかせて努力すること）をしないわけではない。作心すること（有功用であること）によって、名付けて〔未證浄心〕とする。この菩薩は安楽浄土に生まれて、すなわち、阿弥陀仏を見たいと願う。阿弥陀仏を見る時は、上地の（八地以上の）もろもろの菩薩とは、結局は身（分）は等しく、（仏）法は等しい。竜樹菩薩、婆藪槃頭菩薩という仲間がかしこに生まれようと願うのはまさにこのためである。」

大竹氏はさらに「別時意趣」という言葉を持ち出して、次のようにも主張しています。（大竹著 p.297）

「ここで注目すべきなのは、菩薩を浄勝意楽地に至らせるものが阿弥陀仏の本願の力と規定されていることである。阿弥陀仏の本願とは極楽に往生することを求める者を往生させることであるから、『無量寿経優波提舎』は往生するためには浄勝意楽地にいたることが必要であると考えているらしいのである。『仏説無量寿経』自体は無間業を作した者や法を誹謗した者以外はだれでも極楽世界に往生し得ると説くが、『大乗荘厳経論』（XII.18 の釈）や『摂大乗論』（II.31）などの瑜伽師文献は凡夫が極

楽世界に往生し得ないと説き､凡夫が極楽に往生し得るという『仏説無量寿経』の説を「別時意趣」（凡夫がそのまま往生するのではなく、凡夫が地上の菩薩となるであろう別の時に往生する、という意趣）の説と規定する。『無量寿経優波提舎願生偈』はその「別時意趣」説を踏まえている可能性が高い。」

大竹氏はこのように述べて、「『大乗荘厳経論』『摂大乗論』が「凡夫のうちは極楽に往生し得ない」というネガティヴな説き方をしたのに対し、『無量寿経優波提舎願生偈』は「別の時、地上の菩薩になれば極楽に往生し得る」というポジティヴな説きかたをしている」と主張していますが、後者は果たしてポジティヴな説き方でしょうか。どちらもネガティヴではありませんか。「別時意趣」であるとしても「凡夫が地上の菩薩となる別の時に往生できる」という限定は、凡夫にとっては、決してポジティヴな説き方ではありません。むしろ不可能です。換言すれば､『大乗荘厳経論』等と同様に､『無量寿経優波提舎』も「地上の菩薩（初地の菩薩）往生」にこだわる限り、同様に往生は不可能です。ここで一番問題なのは、大竹氏は「別時意趣」の理解が正確ではないことです。

## 2、「未了義説」と「了義説」の相違点

瑜伽行派では、「未了義説」について、次のように説いています

「未了義」とは、如来の所説の「四意趣」と「四秘密」とである。その中、四意趣とは1「平等意趣」と2「別時意趣」と3「別義意趣」と4「プドガラ意趣」とである。四秘密とは、1「令入秘密」と

２「対治秘密」と３「相秘密」と４「転変秘密」である。その中で教示したい意味を説くことが「意趣」である。所説の言葉の意趣を説くことが「秘密」である。PPU（153a-5 to b-5）

四意趣の中、２、「別時意趣」は次のように説かれています。

２、「別時意趣」とは、例えば「極楽国へ（生まれたい）という願望をおこせば、そこに往生するであろう」とか「無碍月光（阿弥陀佛）の名号を念ずるその者は無上菩提を得るであろう」と説くようなものである。「別の時に」ということを意趣することである。

たとえば、怠惰という障害を除くために、すぐに利益が得られないで、後になって別の時に利益が得られる場合にも、すぐに利益が得られるように、往生の願を立てたり、阿弥陀佛の名号を念ずるものは直ちに無上菩提を得て、願いが達成されるであろうと説くようなものです。

PPU（cf. Skt. P.18-19）に次のように述べられています

第三の依拠の「了義（nītārtha）」とは顕示することによって決定されたものである。「未了義（neyārtha）」とは了知されるべきもの、即ち、ある経の意味は意趣されたように理解されるべきであって、言葉通りにではない。この意味の外に誘引すべきであるから、「未了義」である。」

「了義」とは「仏陀の教説の意味が完全顕了に述べ尽くされているもの」であって、直接、顕示することによって意味が決定されたものです。これに対し「未了義（neyārtha）」の neya には、経典の言葉を超えて導かれる余地が残されているので、「了知されるべきもの」という意味があり、換言すれば、「経典の言葉通りには理解されるべきではなく、世尊によって意趣されたように了知されるべきである」と言われています。更に、neyaには「導かれるべき」という意味であり、「誘引すべきである」から、「未了義である」とも説かれています。

## 3、世親は『無量寿経』を未了義経として差別していない。

小谷博士がその著『世親浄土論の諸問題』p-8 to 9）で、向井教授の『大阿弥陀経』の「別時意趣」の研究について、次のような評価していますが、了義と未了義の意味が正確に把握されていたか否かに疑問を感じます。（cf. 7、再び「別時意趣説」について）

「このように見るとき、無著・世親の所属した瑜伽行派においては《誦持名号（称名）――決定菩提》という教説と《発願――往生極楽》の教説は未了義であり、了義なるものより劣った教説として見られていた可能性が生ずる。『無量寿経』を未了義のものと見る世親と、造論の目的を《発願――往生極楽》に置き「五念門」をその修習法として『浄土論』を著した世親と、その間には齟齬はないのか」

（小谷 ibid. p.55）

右のような主張で、もっとも大きな問題点は「『無量寿経』が未了義とされ、劣った教説として見られていた」という部分です。ここには、小谷博士が非了義（未了義）を了義の否定語と考えている節があることです。『仏教学辞典』（法蔵館 p.460a）でも、大乗仏教の未了義について、「直接顕了に義を説かず、漸次に真実の教えへ誘引しようとする方便の教え」と釈しています。「方便の教え」は劣った教説でしょうか。方便は十波羅蜜の中で、「方便波羅蜜」として「目的達成のためになすことが巧みでよくかなっている行」を意味する言葉です。これは上述したように、nita の否定ではなく、neya であって、経典の言葉を超えて導かれる余地が残されているので、「経典の言葉通りに理解されるべきではなく、世尊によって意趣されたように了知されるべき」という意味です。従って『無量寿経』は未了義であるから、「劣った経典」と云うことはできません。また瑜伽行派で、『無量寿経』を未了義経の故に、劣った教説に分類しているという記述は見たことはありません。未了義であるのは「別時意趣」であるからです。もし『無量寿経』に別時意趣が説かれているので、未了義経であると主張されるならば、それは認めるとしても、そのことと世親が五念門を修習する『浄土論』を造ることには全く何ら齟齬をきたしません。

更に小谷博士が「以上のように考えるならば、別時意説を説く浄土思想を未了義の教えとして劣視する瑜伽行派の世親が、積極的に浄土思想を顕揚する『浄土論』を著すこと――」(p.68) の下線部の「劣視する」も理解し難い部分です。

小谷博士は、大竹氏の「筆者は五念門という纏めかたが『大乗荘厳経論』XIV に近似すると考えています。「『大乗荘厳経論』教授品は地前の一阿僧祇を経た菩薩が静慮を修習し、仏からの教授を得て、初地に進む様子を描いている。スティラマティの複註を駆使した小谷信千代教授の詳細な研究によってその内容を掻い摘んで紹介すると次のとおりである」という言葉通りに、このような大竹氏説（大竹著、p.294）

に従って、五念門と『大乗荘厳経論』教授品の記述との近似性を指摘するために、上述のように、第一から第四までの理由（小谷著、p.29）を述べています。

大竹氏も「不虚作住持功徳成就」本文の「未證の浄心菩薩」という言葉を恣意的に「未だ浄勝意楽に至らない菩薩」と読み替えて、「要するに、毘婆舎那によって阿弥陀仏を見たならば、阿弥陀仏の本願力によって、いまだ浄勝意楽地にいたらない菩薩も必ず真如を證得し浄勝意楽地（初地）に至るというのである」という解釈をしています。その結果、次のような結論（大竹著、p.298）に到達しています。「『仏説無量寿経』は阿弥陀仏が凡夫を極楽世界に往生させると説くが、『無量寿経優波提舎願生偈』は阿弥陀仏は初地以上の菩薩を極楽世界に往生させることのみを認めるが、凡夫を極楽世界に往生させることを認めない」と。

果してそうでしょうか。世親が『願生偈』で、次のように結んでいます。

「我作論説偈願見弥陀仏普共諸衆生往生安楽國」

（「我は論を作り偈を説き、願わくば、阿弥陀仏を見たてまつり、普く諸々の衆生と共に、安楽国に往生せん」）

右の側線部分はどのように解するのでしょうか。ここにこそ、本当の意味の「別時意趣」は認められませんか。

筆者は、「五念門」と『大乗荘厳経論』教授品の諸説との近似性については全く承認しません。というよりは「五念門」そのものと、行として、『大乗荘厳経論』教授品の上述した瑜伽行とのつながりは全く承認することはできません。瑜伽行派は、後述するように、転依によって「勝義有である心（無分別智・後得清浄世間智）」の獲得を目的とする学派です。奢摩他、毘婆舎那という行は、上述したように、瑜伽道の段階で、究竟位への向上・到達のための必要な手段にすぎません。「五念門」の奢摩他、毘婆舎那は、「五念門」自体が瑜伽道ではない以上、瑜伽行とは、無関係です。一方、『浄土論』それ自体は瑜伽行派の思想を「基盤」としていることは否定できません。それは、上述した四段階の瑜伽道において、究竟位において、転依によって獲得された無分別智・後得清浄世間智の働きによって獲得された真如、自在等は、世親が『浄土論』を作成する際に大きく寄与していることはいうまでもありません。世親自らが『浄土論』作成時に、究竟位に到達していたかどうかは問題ではありません。究竟位にすでに到達された菩薩によって説かれた瑜伽道の四段階を基盤として、「浄土論」が構成されていることが重要なのです。

## 4、瑜伽行派は、「未了義経」を蔑視していない

『無量寿経』が極楽世界に凡夫が往生できると説いているのに対し、『無量寿経優波提舎願生偈』の論が極楽世界には地上の菩薩（?）のみが往生しうるとする理由について、大竹氏は次のような根拠を述べていいます。それは『大乗荘厳経論』など、瑜伽行派の論書が凡夫等の往生を認めていないからと述べています。そして、『無量寿経優派提舎願生偈』において、極楽世界に凡夫と声聞と独覚とがいないというふう

にあらためたのも『無量寿経』が未了義経だからに他ならないと述べています。更に「『無量寿経』は不十分な内容の経である故に文章そのままを信じていけないので、瑜伽行派の文献では、『無量寿経』の説を改め、「極楽世界に凡夫等はいない」という十分な内容を『願生偈』において示している」と述べています。しかし「菩薩」のみを往生者とする説は、全く別の理由で、筆者も認めるとしても、「未了義説」への差別と瑜伽行派における差別観には同意できません。

未了義説とは、「了知されるべきもの、すなわち或る経の意味は意趣されたように理解されるべきであって、言葉通りにではない。この意味の他に誘引すべきあるから、未了義であって、「平等意趣」「別時意趣」「別義意趣」「プドガラ意趣」等を通じて、人々に、ある種の可能性、希望への示唆が込められているものです。「未了義経」は決して不十分な内容の、劣った経ということはできません。

## 5、瑜伽行派では、所依の経典『解深密経』は同時に「了義経」「未了義経」の両方に、分類されている。

瑜伽行派では、了義経と未了義経とは、或る特定の経典に固定されているわけではありません。たとえば、次のように、ラトナーカラのPPUでは、瑜伽行派の所依の経典である『解深密経』でさえも、それが「一乗」を説くことによって「未了義」である」ことによって、「未了義経典」に分類され、他方では『楞伽経』等とともに、「了義経」に分類されています。

それは未了義の解説で次のように述べられています。

「第三の依拠の「了義」とは顕示することによって決定されたものである。「未了義」とは了知されるべきもの、即ち、ある経の意味は意趣されたように理解されるべきであって、言葉通りにではないそれが「未了義」である。この意味の外に、誘引すべきであるから、「未了義」である。何によって誘引すべきかといえば、道理と了義を説く諸々の経典によってである。たとえば、『仏説法乗義決定経』の中に、「外境は有る。」と説かれ、『妙法蓮華経』の中に、「一乗」と説いているからである。何故なら、それは他の了義経においてそれを他に誘引するからである。

「声聞乗において諸法は一味であるように、それ故に、大乗において、一乗である。」と『解深密経』に説かれているからである。」（cf. ppu. Skt. P.18ff.）

「観自在菩薩復白佛言。世尊。如世尊説若声聞乗若復大乗唯是一乗。此何密意。佛告観自在菩薩曰。善男子。如我於彼声聞乗中宣説種種法自性。所謂五蘊枠曰謂曰枠或内六処或外六処。如是等類。於大乗中即説彼法。同一法界同一理趣故。我不説乗差別性。於中或有如言於義妄起分別。一類増一類損減。又於諸乗差別道理謂互相違。如是展転故遞興乗諍論。如是名為此中密意。」（cf. PPU. P.19 の引用。註）

続けて、「了義経」の記述について、同じく次のように述べていいます。

「その経の「了義」とは、言葉の通りの意味であって、第二の意味がないそれが「了義」である。「了義である」からである。何によって、了義であるか。かの経典によって、或は、それと異なるものによって、或は、両方のものである。何がそのものによってであるか、『聖解深密経』、『聖楞伽経』等である。何がそれと異なるものによってであるか。『聖八千頌（般若）』等である。何が両方によってであるか。『聖二万五千頌（般若）』等である。それの「法身品」の中で、「了義」の解説は不顛倒に入る行為である。それは実に「言葉通りの意味」に執着することを特相とする顛倒を離れることである。さらに、如来に依って、それ（如来）という量によって、或は菩薩等によって顕了にされたそれは他のものによって他の方法に導かれるべきである。世尊こそ、最勝に到達しているから、そして無限の帰依処であるからである。」（cf. PPU. Skt. P.20ff.)

小谷博士は前述したように「世親の所属した瑜伽行派においては《誦持名号（称名）―決定菩提》という教説と《発願―往生極楽》という教説を説く『無量寿経』が未了とされ、劣った教説として見られていた可能性のあることを指摘した」と述べて、「造論の目的を《発願―往生極楽》に置き五念門をその修習法として『浄土論』を著した世親との間に齟齬をきたすのではないかと疑問を呈していますが、（cf. 小谷「真宗の往生論」p.49）このように、瑜伽行派においても、上述したように、「了義経」、「未了義経」は経典の優劣を表す基準としていない以上、『無量寿経』の場合のみ、これを「劣った経典」として蔑視されたと主張することはできるでしょうか。

## 四、「別時意趣説」について

## 「別時意趣」の佛説A《誦持名号―決定菩提》と佛説B《発願―往生極楽》について

小谷博士はその著、『真宗の往生論』の中で、次のように述べています。

「前にわれわれは、世親の所属した瑜伽行派においては《誦持名号（称名）―決定菩提》という教説と《発願―往生極楽》という教説を説く無量寿経が未了義とされ、劣った教説として見られていた可能性のあることを指摘した。しかしそう考えることは、造論の目的を《発願―往生極楽》に置き五念門をその修習法として『浄土論』を著した世親との間に齟齬をきたしたことにならないか、という疑問を生ずる。」（『真宗の往生論』p.49）

換言すれば、右の小谷博士の主張は、『無量寿経』を未了義で劣った教説と考えていた世親と、《発願―往生極楽》を造論の目的として『浄土論』を著わした世親との間に齟齬はないかという主張です。この問題を検討する前に、まず、「別時意趣」の一般的意義と、小谷博士が典拠とした、向井論文を検証したい。

「別時意趣」とは、ラトナーカラによれば、次のように説かれています。

1、「無垢月光（無量光如来？）の名号を念ずるその者は無上の菩提を得るであろう。」佛説A《誦持名号―決定菩提》（cf. VimaLa-candraMSA XII-18,19）

2、「極楽國へ（生まれたい）という願望を起こせば、そこへ往生するであろう。」佛説B《発願―往生極楽》

**佛説Aについて、**『無量寿経』では次のような実例が見られます。

「また、実に、アーナンダよ、十方の各々の方角にあるガンジス河の砂に等しい諸佛国土において、ガンジス河の砂に等しい佛・世尊たちは、かの世尊アミターバ如来の名を称讃し、讃嘆を説き、名声を説き明かし、功徳を称揚する。それはなぜであるか。およそいかなる衆生たちであっても、かの世尊アミターバ如来の名を聞き、聞き終わって、たとえ一たび心を起こすことだけでも、浄信にともなわれた深い志向をもって心を起こすならば、かれらはすべて、無上なる正等覚より退転しない状態に安住するからである。」（藤田著『梵文和訳無量寿経・阿弥陀経』p.124）

**佛説Bについて、**『阿弥陀経』では次のように、説かれています。

「シャーリプトラよ、およそいかなる良家の男子たちまたは良家の女子たちであっても、かの世尊アミターユス如来の佛国土に向けて心に誓願をなすであろう者、あるいはすでになした者、あるいは現になしている者は、すべて、無上なる正等覚に向けて退転しない者となり、かしこの佛国土に生まれるであろうし、あるいはすでに生まれ、あるいは現に生れるのである。それゆえに、シャーリプトラよ、ここで、信ある良家の男子たちと良家の女子たちは、かしこの佛国土に向けて心に誓願を起こすべきである。」（藤田 ibid. p.187ff.）

**ア、小谷博士が典拠とした向井氏の「誦持名号」とは**

右の小谷説の根拠は、向井亮氏の論文「世親造『浄土論の背景』の中の「別時意趣」(『日本仏教学研年報』42, S.52) の『摂大乗論釈』の和訳に基いています。向井氏の論文の和訳は、何故か、チベット訳のみ採用して、次のように述べています。

「「別時意趣」と称するものにおいては、懈怠の性質の多い者たちすべてをして、その［仏説の］仕方をもって、その［如来の］教法に対して努力せしめるのである。［すなわち、仏説Aでは「如来の名号を誦持する」ことに基いて［懈怠なる者に］善根が増長するということから、それら［善根］が勝れた位への向上の因となるということこそを意趣しているのであり、ただ名号を誦持することのみで［直ちに］決定して無上なる菩提を得るということではないのである。」

右の側線部の和訳部分では、明らかなように**佛説A**の「誦持名号」の利益は「怠惰なるものに善根が増長するだけで、ただ名号を誦持することのみで直ちに決定して無上なる菩提を得るということではない」と否定されています。しかしこれは次の真諦訳などの漢訳の『摂大乗論釈』(真諦訳『摂大乗論釈大正31–194あ) の内容とは大きく相違しています。

## イ、漢訳に見られる「誦持名号」とは

「誦持名号」についての真諦訳は次の通りです。

「論曰。譬如有説。若人誦持多寶佛名。決定於無上菩提不更退堕。

釈曰。是懶惰善根。以誦持多寶佛名。為進上品功徳。佛意為顕上品功徳。於浅行中欲令捨懶惰勤修道。不由唯誦佛名。即不退堕決定得無上菩提。」

「論じて曰く。譬えば有る者が説くように、もし人が多寶佛の名を誦持すれば、無上菩提に決定して更に退堕することはない。

釈して曰く。懶堕ながら善根の者が多寶佛の名号を誦持することを以って、上品の功徳を進めんとなす。佛意は上品の功徳を顕わさんが為に。浅い修行中に懶堕を捨て修道を勤めんことを欲する。唯だ佛名を誦ずるだけによらない。即ち退堕せず決定して無上菩提を得る」（＝「此意非唯稱佛名。決定得阿藐多羅三藐三菩提」）（cf. 大正 31 292 a）

因みに、玄奘訳も次のとおりです。

「別時意趣者。謂此意趣令嬾惰者。由彼彼因於彼彼法精勤修習。彼彼善根皆得増長。此中意趣顕誦多寶如来名因。是昇進因。非唯誦名。便於無上正等菩提已得決定。」（大正 31 346 b）

（側線部の和訳、「唯だ名を誦ずるだけではない。便ち無上の正等菩提において、已に決定を得ている。」）

右の向井訳と真諦、玄奘の二つの漢訳を対比して明らかなように、向井訳では「名号を誦持しても直ちに無上菩提を得るということはない」と述べられ、そこには「別時意趣」による「佛名を誦持することによる、即時の［無上菩提の獲得］という利益は一切、説かれていません。

### ウ、「別時意趣」の「別時」について、向井訳と漢訳を検証する

右に続いて向井訳は「別時意趣」について、次のような譬喩を述べています。

「次の例の如くである。すなわち、「一パナの金銭を成す」という慣用的言い表わしでは、「千パナを成すのは」一日によってなのであろうか［そうではない］。「別の時」にという意味なのである。一パナとはそれがまさに千パナ［を成すため］の因となるということである。［また、佛説B］『誓願をなすことのみによって極楽世界に往生する』というのも、この例の如く解すべきである。」

これに対し、漢訳の真諦訳は次のように述べています。

「譬如由一金銭營覓得千金銭。非一日得千。由別時得千。如来意亦爾。此一金為千金銭因。誦持佛名亦爾。為不退堕菩提因。」

（「譬えば、一金銭の榮（仕事）によって、千金銭を覓得（求め得る）。一日で千金銭を得るのではない。別の時に千（金銭）を得ることによってである。如来の意（思）も亦そうである。この一金銭は千金銭の因である。佛名を誦持すること（誦持名号）も同様である。菩提の因に退堕しないためである。」

「論曰。復有説言。由唯発願。於安楽佛土得往彼受生。

釈曰。如前応知名是別時意」

（「復た、更に有る者は説いて言う。唯だ発願に由って、安楽佛土に住くことを得て、（そこに）彼は生を受ける。

釈して曰く。前の如く、是れを名づけて、「別時意」と知るべきである。」）

要約すれば、因である、一金銭の仕事である「誦持名号」「発願」も、やがて果となる、千金銭の「決定菩提」と「往生極楽」を「別時」に達成すると述べています。

## エ、向井訳における「誦持名号」とは

向井訳では、**佛説Ａ《誦持名号―決定菩提》**では「この千パナをなすのは」一日によってでろうか。そうではない。「別の時」という意味である」と述べられ、「別の時」に千パナが達成される」と述べています。これは「一パナが（善根が増長し）やがて積り積もって千パナにもなる」何時か、すなわち、何時、到達できるか、いつ果てるか不明の長い月日を意味しています。そのような長年月を経ることになれば、「別時意趣」という言葉そのものは無意味とはならないでしょうか。換言すれば、永遠に「別時」が続くことにもなります。

更にこれを**佛説Ｂの《発願―往生極楽》**の譬喩にしても、「それは発願した今世において達成されず、「別時」に、すなわち来世において、何時か極楽往生が達成されるであろう」というのであれば、「別時意趣」そのものは無意味にならないでしょうか。

## オ、仏説Ａの比喩に対する漢訳と向井訳との大きな相違点

真諦訳では**佛説A《誦持名号―決定菩提》**の譬喩として、「一金銭の仕事で千金銭を得る程」「名号を誦すること（一金銭の仕事）によって、即座に退堕せず決定して無上菩提（千金銭）が得られる」の譬喩として、それほど「価値のあること」を強調するとともに、**佛説B**でも**《発願―往生極楽》**が得られることの譬喩としてそれぞれ、一金銭の仕事と千金銭が対比されています。玄奘訳でも、真諦訳と同様に、「此亦如是。由発願便得往生極楽世界。当知亦爾。」（「これも亦、是の如くである。発願に由って、便ち（即座に）極楽世界に往生することを得る。亦、同様であると知るべきである」）と説かれています。**佛説A**「決定菩提」と**佛説B**「往生極楽」の両方の譬喩として、即ち一金銭と千金銭は価値の問題として論じられ、決して（今世か来世か不明の）時間的経過とは殆ど論じられていません。

## 譬喩に対する向井訳と漢訳との解釈の大きな相違点

**向井訳**では「一パナから千パナを達成するまでの更に積み重ねるべき、長期の追加の時間的な長さの方を重視したのに対し、**漢訳**では一パナの金銭程の価値のある仕事である、「誦持名号」「発願」という因が、千パナ程の価値のある「決定菩提」や「往生極楽」という結果を、「即座に」「別時」に可能にするという、一パナと千パナという金銭に譬えた場合の価値の大きさという相違点を論じています。

長尾博士は『摂大乗論釈』の中で、次のように論じています。

「『別な時』とは、即刻に、今ではなく、やがて別な時にの意味である。長時にわたって善を積むことにより、やがてさとりを得たり、極楽に生まれることができることが、あたかも、一パナがやがて積もって、千パナになるごとくである」。(cf. 長尾『摂大乗論』P.390ff.)

もし今ではなく、長時の修行が更に別時においても必要であるならば、「別時意趣」の意味があるでしょうか。

### カ、道綽と「別時意趣」

『観無量寿経』の「下品下生」では、「下品下生の人が現に重罪を造っていても、臨終の時に臨んで、善知識に遇い、教えられて、十念の念仏をして、往生することができる」と書かれています。

道綽も、「別時語」について、『涅槃経』を引きながら、臨終の時に善知識に遇って教えられ、「十念して往生する」ということは、その人にも過去に多くの原因があったから、臨終の時に善知識に遇うこともでき、十念して往生を遂げることもできるのであり、仏はここで過去の多くの宿因を隠し、今の十念を強調しているのであって、「始めを隠し終わりを顕し、因を没し果を論じている」、という意味で「別時意」を解釈しています。(cf. 梶山 idid. P.256)

### キ、『大乗荘厳経論』XII-19 に見られる「別時意趣」

『大乗荘厳経論』XII−19の世親釈でも、佛説Aと佛説Bについて、「別時意趣」について、次のように、長期にわたる時間的経過は論じていません。（『大乗荘厳経論』XII−19世親釈）

「[怠惰である]（XII−19）との障害に関して対治が説かれるのは、〝安楽国に（生れたいとの）願いを発すほどのもの、彼等は彼処に生れるであろう〟といわれ、また〝無垢月光如来の御名を執持しているだけで、必ず無上の正等菩提に達する〟と言われていることである。」（cf. 長尾『大乗荘厳経論』和訳と註解（2）p 206）

一方、『大乗荘厳経論』（XII−18）安慧釈では、佛説Bについて、次のように、「別時意趣における（今世か来世か、いつ実現されるか不明の）別時」と「別時意趣」の対象者について、「僅かでも善根を生じている者であること」について述べています。

「[別時なる]（XII−19）意趣とは、怠惰であり善根も僅かな衆生ではあるが、彼らは無なることを佳しとするのではなく、僅かでも善根を生じている故に、（あるいは僅かでも善根を生ずる為に）、別時を意趣して、〝彼等が無量光如来の安楽国に生れたいと発願するならば其処に生れるであろう〟と説かれていることであって、それは発願した今世において直ちに、または来世において直ちに生れるというのではなく、発願したことが因となっていつかは生れるであろうとの意趣によって説かれたのである。」（cf. 長尾 ibid. p.204）

## ク、向井訳『瑜伽師地論』摂決択分の「別時意趣」

続けて、向井論文では、『瑜伽師地論』摂決択分中菩薩地を引用して、次のように「清浄世界」について論じ、「別時意趣」について、それにはかなりの時間的経過が必要であることのみを論じています。（向井 ibid. p.169）

「諸々の菩薩の教説の中に『菩薩にして誰でもかしこ［の清浄世界］に心をもって誓願をなす者は、すべて、かしこに往生する』とあるのは、いかなる理由で説かれたのであるか。答える―教化される懈怠な性質の、いまだ善根を積んでいない者たちのために、意図して説かれたのである。すなわち、その者たちは勧励されるならば懈怠を捨てて、善法に対し精進努力し、それより、漸次にかしこに生まれるという本性を至得した有資格者となるからである。――」

このように述べて、「漸次に」が「別の時」に相当するから、この文旨は彼の「別時意」説と同じであると主張しています。

更に、向井氏よれば、世親の理解していた（すなわち初期瑜伽唯識学説の）その両説における「別時意趣」とは、本来は、《誦持名号》および《発願》とは、（かなりの長い時間を要する）別の時に得られるべき《決定菩提》および《往生極楽》という仏果へと進むための因となるところにこそ真の意味があり、一般に、《誦持名号―決定菩提》、および《発願―往生極楽》のように説かれるのは、「怠惰なものをして佛道に勧め励ます」という特別の意図をもった方便誘引の説法であると結んでいます。

## ケ、小谷説の根拠

小谷博士が右の「別時意説再考」の冒頭で「世親の所属した瑜伽行においては《誦持名号―決定菩提》と言う教説と《発願―往生極楽》と言う教説を説く『無量寿経』が未了義とされ、劣った教説と見られていた」と主張されていた根拠は向井氏の論文の「怠惰なものをして佛道に勧め励ます」という言葉に基づくものと想定されます。

この「怠惰」という件については、ラトナーカラ・シャーンティは次のように、別の視点で述べています。(PPU 154b to 155a-4)

「たとえば、怠惰という障害を除くために、すぐに利益が得られないで、後になって別の時に利益が得られる場合に、すぐに利益が得られるように、往生の願を立てたり、名号を念ずる者は、直ちに無上の菩提を得て、願が達成されるであろうと説くようなものである。」

これは、別時意趣を説く浄土思想は「善根を積んでいない怠惰な者のための教説」ではなく、「(僅かでも善根を生じている) 人々が怠惰になるのを防止するために、すぐに利益が得られるように」と説かれたのであると解することができます。

小谷博士は、繰り返し「世親は別時意説である未了義経として『無量寿経』を批判し、最後に次のように結んでいます。

「以上のように考えるならば、別時意説を説く浄土思想を未了義の教えとして劣視する瑜伽行派の世親が、積極的に浄土思想を顕揚する『浄土論』を著すことを理解し難いことと考えたり、インドにおいては『浄土論』の流伝の形跡が全く見いだされないことからその著者性が疑われるという、『浄土論』の著者性に関する問題は解消すると思われる。」

右の小谷説は要約すれば、「怠惰な者のために説かれた「別時意趣説」を説く『無量寿経』はそれ故に「劣った経」であり、それ故にそれは世親によって批判されているものと要約できます。

しかし「別時意説を説く浄土思想を未了義の教えとして劣視する瑜伽行派の世親」という言葉については、別時意趣に対する瑜伽行派自体の対応に関して、第二章の5以下で、瑜伽行派で、所依の経典『解深密経』でさえも、「未了義経」「了義経」の両義を平等に用い、二つを全く差別をしていないことは注意すべきです。

## コ、仏陀扇多訳『摂大乗論』に見られる《発願—往生浄土》について

瑜伽行派の文献では、佛陀扇多訳の『摂大乗論』のみ、次の様に、『無量寿経』という経名と「無量壽世界」という国土名を出して、佛説A《誦持名号—決定菩提》と佛説B《発願—往生極楽》を述べています。

「二者時節意趣。所謂若稱多寶如来名者。即定於阿耨多等三藐三菩提。如無量壽経説。若有衆生願取

無量壽世界即生爾。」（大正 31 103b）

（「二者は時節意趣である。所謂、若し多寶如来の名を称えるならば、即座に阿耨多羅三藐三菩提において（往生は）決定する。無量壽経に説くように。若し衆生がいて、無量壽世界を願い求めるならば、即座に生まれることはその通りである。」

ここでは、『無量寿経』という経名を出し、**佛説A《誦持名号―決定菩提》**と**佛説B《発願―往生極楽》**が説かれています。ただし、名号は阿弥陀佛の名号ではなく、多寶如来の名号を誦持することのみが相違します。多寶如来は『法華経』「見寶塔品」に見られる如来であるが、その浄土と浄土経典の極楽浄土との類似の描写が多く、混同された恐れもあります。（cf. 藤田『原始浄土思想の研究』p.479ff.）

# 第三章　世親の『無量寿経優波提舎願生偈』の研究

## 一、『願生偈』と「一心」（瑜伽行唯識の一心とは）

帰敬偈（礼拝門、讃嘆門、作願門）

**世尊我一心帰命盡十方**
**無礙光如来願生安楽国**

「世尊よ、我は一心に、無礙光如来に帰命して、安楽国に生まれんと願う。」

このうち、「我は」という語は「尊敬する√vand」という動詞の一人称の語尾変化によって表れたものと見なされます。

「一心」という語については、大竹氏はその著書の中で「一心に」という「副詞」と解し「一心」という言葉については、翻訳者、菩提流支は「心」を意味するcittaという語が梵文にない場合でも「一心」と訳す場合が多くあるので、この場合も、副詞「一心に（一心不乱に）」と解すべきと主張しています。

その実例として、次のように『十地経論』（大正26）の漢文とそれに対する梵文を例示しています。

「一心恭敬侍」　sagauravāḥ santa sajjā bhavantaḥ

「精勤一心」　ātāpī samprajānan smṛtimān

「皆一心恭敬瞻仰大菩薩」　tām eva bodhisattvaṃ nirīkṣamāṇāḥ

「一心瞻仰」　tām eva bodhisattvaṃ nirīkṣamāṇāḥ

(cf. 大竹著『無量寿経論優波提舎願生偈』（新国訳大蔵経）P.342)

しかし、『論註』では「我一心者天親菩薩自督之詞・言念無礙光如来願生安楽心心相続無他想間雑（言ふこころは無礙光如来を念じたてまつりて安楽に生ぜんと願うこと心心相続して他の想間雑すること無しとなり）」と述べ、「相続心」が述べられています。この「心と心が相続して、多想が間雑することがない」については、幡谷博士も指摘されているように、『大智度論』（大正25・632b）には「心相続」について次のように述べています。

「問曰。弾指頃六十念念生滅。云何一心常念薩婆若。不令餘念得入。答曰。心有二種。一者念念生滅心。二者相續次第生。總名一心。以相續次第生故。雖多名為一心。」

（「問うて曰く。弾指頃（爪弾きする間程の、極めて短時間）に六十の念（極めて短時間）が念念に生滅する。いかにして一心は常に薩婆若（sarvajña）（一切智であること）を常に念（おも）いつつ、余念を入れしめないのか。答えて曰く。心に二種有り、一には念念に生滅する心。二には相続して次第（順次）に生ずる（心）である。総じて（合わせて）一心と名付ける。（心は）引き続いて順次に生ずるから、多くても「一心」とする。」）

このように、『論註』で「心心相続無他想間續」と述べているように、ここでは、「一心」は連続して相続する「心」と解されています。「一心」については、まず、それが瑜伽行派の世親の論書である『浄土論』の「一心」として考察すべきです。

瑜伽行派では、「一心」について、次のような特別の意味を持たせています。

『摂大乗論』（大正 31-124b）では「一心」について、次のように述べています。

「常行一心如理簡択諸法得入唯識観。由依止六波羅蜜。菩薩已入唯識地。次得清浄信楽已諸摂六波羅蜜。」

（「常に一心を行じ、如理に諸法を簡択し、唯識観に得入する。六波羅蜜に依止することによって、菩薩は唯識地に入り終わって、次に清浄信楽を得て、意は六波羅蜜に摂せられる。」）

ここでは、「一心」を常に行じ、如理に諸法を簡択することは、菩薩が唯識観に入り、六波羅蜜に摂せられ、「見位乃至究竟位」に到達することを意味します。従って、「一心を行ずること」はアーラヤ識が、転依態として『願生偈』で、無分別智（鏡智）、後得世間智として展開する端緒となるものと考えられます。

因に、笈多共行矩等訳『摂大乗論釈』（大正 31-299a）では次のように述べています。

「**心得専一。即能如理簡択諸法故。得入唯識。**菩薩依六波羅蜜入唯識已。――

（「心を一つに専らにすることを得て、即ち能く如理に諸法を簡択する故に、唯識に入ることを得る。菩薩は六波羅蜜に依って唯識に入り已る。――」）

更に、玄奘訳『摂大乗論釈』（大正31-354b）は次のように述べています。

「於如是等散動因中。**不現行時心専一境。便能如理簡択諸法。得入唯識。**菩薩依六波羅蜜多入唯識已――。」

（「このような散心の因に乱されざる時、心を一境に専らにし、便ち能く如理に諸法を簡択し、唯識（vijñaptimātratā）に得入する。菩薩は唯識に得入する。菩薩は六波羅蜜多に依って唯識に入り已わる――」（cf.Tib.Sde dge. 12.26b-5）

『願生偈』では、一般に「世尊我一心」に続く、「帰命盡十方」の「帰命」は身業として「五念門」の中の「礼拝門」に相当し、「盡十方無礙光如来」は口業としての「讃嘆門」であり、「願生安楽国」が意業としての「作願門」に配せられます。曇鸞は「願生安楽国者、此一句作願門。天親之意」と述べているので、身業、口業と並んで、作願門は意業であることは明らかです。「観察門」は「観彼世界相勝過三界道」より、「何等世界無」以下の三偈目の「示仏法如仏」までで、それに続く「我作論説偈」から最後の「往生安楽国」は「廻向門」に配せられています。

造論の意趣

「我依修多羅真実功徳相説願偈総持與仏教相応」

「ここで、我は修多羅なる真実の功徳相ある大乗経典をたよりにして、今、願生偈を誦じて、仏教と相応せん。」

## 二、仏国土荘厳功徳（十七種荘厳）＝鏡智（大智蔵）の働き

一、荘厳清浄功徳の成就

「観彼世界相勝過三界道」

「彼の如来の世界を観るに、欲界・色界・無色界の迷いの三界の相を超えている。」

二、荘厳量功徳の成就

「究竟如虚空広大無辺際」

「究まりなきこと虚空の如く、広大にして辺際なし」

三、荘厳性功徳の成就

**「正道大慈悲出世善根生」**
「正道の大なる慈悲の心の、穢れなき出世の善より生じた」

四、荘厳形相功徳の成就
**「浄光明満足如鏡日月輪」**
「安楽浄土の光明の満足すること、鏡と日月輪の如くである」

五、荘厳種々事功徳の成就
**「備諸珍宝性具足妙荘厳」**
「諸々の珍宝をもって飾りたる、妙なる荘厳をそなえている」

六、荘厳妙色功徳の成就
**「無垢光炎熾明浄曜世間」**
「垢れなき光、熾んにして、明浄に世間を曜かす」

七、荘厳触功徳の成就

**「寶性功徳草柔軟左右旋触者生勝楽過迦旋隣陀」**

「麗しき功徳の草はやわらかく左右になびく。触れる快さは迦旋隣陀にも勝る」

八、荘厳三種功徳の成就

**「寶華千萬種弥覆池流泉微風動華葉交錯光亂轉**
**宮殿諸楼閣観十方無礙雑樹異光色宝欄遍圍繞**
**無量寶交絡羅網遍虚空種種鈴発響宣吐妙法音」**

「千萬の華は池・流れ・泉を覆い、微風が吹きわたれば、光は華葉と入り乱れる（水功徳）。

「宮殿の諸々の楼閣は十方を観るに碍りなく、樹樹に異なる光あり、寶の欄干は遍く圍繞せり。」（池功徳）

無量の寶は交わって、羅網が虚空にあまねく行き渡る、種種の鈴は響きを発し御法の楽を奏でたり。」（地功徳）

九、荘厳雨功徳の成就

**「雨華衣荘厳無量香普薫」**

「華の衣を雨降らせば、その香の薫りは四方に普ねし」

十、荘厳光明功徳の成就

**「佛慧明浄日除世癡闇冥」**

「佛慧の明浄なること、日のごとく、世の癡闇の冥を払う。」

十一、荘厳妙聲功徳の成就

**「梵聲悟深遠微妙聞十方」**

「清き御声は深遠、微妙にして十方に聞こえる」

十二、荘厳主功徳の成就

**「正覺阿弥陀法王善住持」**

「覺者阿弥陀は法王として住持したもう。」

十三、荘厳眷属功徳の成就

**「如来浄華衆正覺華化生」**

「如来の浄華の衆は覺者の御座（正覺の華）より化生す。」

十四、荘厳受用功徳の成就

**「愛楽仏法味禪三昧為食」**

「佛法の味にしたしみ、禪三昧を糧とする。」

十五、荘厳荘厳無諸難功徳の成就

**「永離身心惱受楽常無間」**

「永久に身心の悩みは離れて、常に楽しみを受く。」

十六、荘厳大義門功徳の成就

**「大乗善根界等無譏嫌名女人及根缺二乗種不生」**

「大乗善根の界は等しくて譏嫌の名はない。女人及び根缺、二乗の種は生ぜず。」

**ア、『浄土論』における二乗人、女人、根缺者の差別について**

『浄土論』では「大乗善根界（浄土）における女人及び根缺・二乗種不生について、差別反対の立場に立って、次のように注釈しています。

「浄土の果報は二種の譏嫌を離れたり、一者・躰・二者・名なり。躰に三種有り。一者・二乗人・二者・女人・三者・諸根不具人なり。この三の過無き故に、體は譏嫌を離れたりと名づく。名に亦三種有り、但だ三の體無のみに有らず乃至二乗と女人と諸根不具の三種の名をも聞かざるが故に、離名譏嫌と名ずく。等しい者とは平等一相なるが故に」（cf. 幡谷『対照表』P.42b）

この中で、「譏」とは「①そしる、②責める、咎める」を意味し、「嫌」とは「①嫌う、②憎む」を意味します。従って「離體譏嫌、離名譏嫌」とは、體と名の二面で平等一相であると主張しています。曇鸞は、『論註』で次のように述べています。

「足指・按地及詳金礫之旨而願往生者・本・則三三之品今・無一二之殊亦如溜池一味焉可思議」（cf. 幡谷 ibid. p.42b）

（「足の指で地を按（おさ）えて、金と礫（石塊）の旨を詳（つまび）らかにする（ように、両者の区別は明らかである）が、而（しか）るに、往生を願う者には元々、三三之品（體の三、名の三の差別有るもの）があっても、今は一、二の殊（異なり）は存しない。亦、古代中国、齋国の二つの大河、溜河と澠河が海に入れば、その水と一味になるように、どのように思議すべき必要があろうか」）

宗祖も『入出二門偈頌文』で次のように解説しています。（聖典 p.361）

「女人根欠二乗の種、安楽浄刹（安楽浄土）には永く生ぜず。如来浄華のもろもろの聖衆は、法蔵正覚の華より化生す。諸機は本すなわち三三の品なれども、今は一二の殊異なし。同一に念仏して、別

の道なければなり。なお河川の一味なるがごときなり。」(cf.『真宗聖典 P.461)

(「女人・不具者・二乗の者は、安楽浄土には(それ自体としては)永遠に生じない。清浄な蓮華のような浄土の諸々の聖者達である彼らは、法蔵菩薩がひらかれた覚りの華から生まれた者である。それぞれのものは(女人・不具者・二乗の者という)体の三つと(それらの)名称の三つの種類はあるけれども、すでに往生した今は、一、二という差別はない。同じように念仏成仏して無差別であるからである。古代中国、齋国の二つの大河、淄河と澠河の水が海に入れば、無差別の一味となる如くである。」)

山口博士も「本は則ち三三の品なれど浄土では一二の殊(異なり)がない点は、衆水の海に入って一味なるごとし」と『論註』を引用して解釈しています。(cf. 山口 ibid, p.117)

曇鸞の『論註』とほぼ同様の内容は、次の『大智度論』35 大正 25 p.321a・b)にも見られます。(cf. 幡谷 ibid. p.150b)

「問曰。若爾者智慧愚痴無有別異。答曰。諸法如入法性中有別異。如火各各不道而滅相無異。譬如衆川萬流各各異色異味。入於大海同為一味一名。如是愚痴智慧入於般若波羅蜜中。皆同一味無有差別。如五色近須弥山自其色皆同金色。如是内外諸法入般若波羅蜜中皆為一味。何以故。般若波羅蜜相畢竟清浄故。」

（「問て曰く。もしそのようであれば、智慧と愚痴は別異では無いのか。答えて曰く。諸法は法性中に加入するのに別異はない。火の如く、各各不同にして、しかも滅相に異なることは無い。譬えば衆川の如く、万流は各各異なる色、異なる味であるが、大海に於いては、同じく一味一名と為る。このように、愚痴と智慧とは般若波羅蜜中に入るが。皆同一の味で差別は無い。五つの色（青、黄、赤、白、黒）のように、須弥山に近づき、自ずからその色を失い、皆同じく金色である。このように内外の諸法は般若波羅蜜の中に入り、皆一味と為る。何故か。般若波羅蜜の相は畢竟じて清浄であるからである」）

換言すれば、浄土または般若波羅蜜に入れば、二乗人も女人も諸根缺の不具人も一味であると述べています。

## イ、『浄土論』の記述と『無量寿経』（四十八願本）の第三十五願との整合性について

『無量寿経』の本願の中に、第三十五願（女人成仏の願）のような女性差別の本願のあることは有名である。康僧鎧訳の漢訳本の第三十五願では、次のように説かれています。

「設我得仏、十方無量不可思議諸佛世界、其有女人、聞我名字、歓喜信楽、発菩提心、厭悪女身。寿

終之後、復為女像者、不取正覚。」
(『佛説無量寿経巻上』『聖典』P.21)

「たとい我れ佛を得んに、十方無量不可思議の諸佛世界に、其れ女人ありて、我が名字を聞きて、歓喜信楽し、菩提心を起して、女身を厭悪せん、寿終えての後に、復た女像とならば、正覚を取らじ」

梵本でも次のように述べています。

「もしも、世尊よ、わたくしが覚りを得たときに、あまねく無量・無数・不可思議・無比・無限量の諸佛国土における女たちが、私の名を聞いて、浄信を生じ、覚りへの心(菩提心)を起こし、また女であることを厭うたとして、(この世の)生を離れてから、もし再び女であることを得るようであるならば、その限り、わたくしは無上なる正等覚をさとりません。」(三五)(cf. 藤田宏達 ibid. p.84)

これに対し、宗祖は次のような和讃を残しています。

「弥陀の大悲深ければ
佛智の不思議をあらわして
變成男子の願をたて
女人成仏ちかひたり」(浄土和讃一〇)

平川彰博士によれば、このような「轉女成男」の思想は初期の大乗経典に広く説かれもので、大乗の菩薩行を実践する女性の立場の教理的基礎づけを示したものであるが、インドにおける女性蔑視の観念に一応妥協しつつ、平等思想を表明したものと考えられています。

しかし上述の「後期無量寿経（四十八願本）」の第三十五願には「變成男子」という言葉も「變成男子」を述べる成就文すなわち極楽世界の描写はありません。一方、このような「變成男子の願」という言葉が語られる『無量寿経』は、二十四願本の『大阿弥陀経』と三十六願本の『荘厳経』に限られています。

宗祖の「浄土和讃」の論拠はこれら「初期無量寿経」に基づくのでしょうか。

しかし宗祖の『教行信証』には、『佛説無量寿荘厳経』からの引用の痕跡は全くありません。

因みに、三十六願本、『佛説大乗無量寿荘厳経』第二七願（大正12 p.320b）、では次のように説かれています。

「(第二七願) 世尊。我得菩提生正覚已。所有十方無量無辺無数世界一切女人。若有厭離女身者。聞我名号初清浄心帰依頂礼。彼人命終即生我刹成男子身。悉皆令得阿耨多羅三藐三菩提」

(「世尊よ。我は菩提を得て、正覚を已に生じ終え、所有する、十方の無量、無辺、無数の世界の一切の女人が、若し女の身体を厭離し、我が名号を聞いて清浄心を発こし、帰依頂礼するならば、彼の人は命終するや、我が刹（くに）で男子の身と成り、悉く皆、阿耨多羅三藐三菩提を得せしむであろう。」)

宗祖の『教行信証』行巻（真宗聖典 p.158ff.）には「初期無量寿経」としては、次のような『大阿弥陀経』

（第四願・聞名歓喜往生）と『平等覚経』（第一七願・諸佛讃歎聞名踊躍往生）からの引用があります。これらの中で、『大阿弥陀経』に於いては次のように、第二願で、「転女成男・蓮華化生」の記述で「転女成男」の記述が見られることは注意すべきです。

「（第二願）使某作仏時、令我國中。無有婦人女人。欲来生我國中者。即作男子。――」（cf. 大正12 p.301a）

（某（それがし）作仏せしめん時、我が國中には婦人、女人の存在を無からしめん。我國中に来生することを欲する者は。即（すぐ）に男子と作る。」）

また、同様に『平等覚経』についても、それの二四願の中には含まれませんが、別の箇所で、次のような「転女成男」を説く記述が見られます。（cf. 大正12 p.283a）

「其國中悉菩薩阿羅漢。無有婦女。寿命極樹。寿亦無央数劫。女人往生者。則化生皆作男子。但有菩薩阿羅漢無央数。」

このような「転女成男」を説く「初期無量寿経」は恐らく、宗祖の「浄土和讃」の「變成男子の願」という言葉を生み出したものと想定されます。

しかしこのような「轉女成男」は「後期無量寿経」では影をうすめ、願では「轉女成男」という言葉は消えて、「厭離女身」という言葉のみが残されています。

### ウ、「厭離女身」のみを説く第三十五願と『浄土論』

平川博士によれば、菩薩行を行ずる女性をいかに理解し、いかに受けとめるかという問題の回答は、菩薩行を行ずれば、速やかに「女身を転じて男身を成ずる」と言われていたが、その根底には男身にも女身にもとらわれないということ、菩薩行の実践の価値は、男女身によって差別があるのではないという「空の認識」があると言われています。般若の空の立場から、男女の差別をみることは迷妄であるという立場から、「轉女成男」を説かなかった『首楞厳三昧経』（大正15 p.635）や、空観の立場から「女身を転ずる必要はない」と述べている『維摩経』「観衆生品」や『大宝積経』（大正11 p.555a）等も伝えられています。（cf. 平川彰著『初期大乗仏教の研究』p.392 p.380ff.）

『浄土論』に見られる、二乗、女性、根缺に対する「浄土」における差別の解消すなわち「浄土において一味である」という平等論の立場から、なおも「厭離女身寿終之後復為女像者」という言葉にこだわるを四十八願本の「第三十五願」の内容には違和感を感じます。

次の第三十五願中のAとBの文には整合性はあるでしょうか。

A、「世尊よ、わたくしが覚りを得た時に、あまねく無量・無数・不可思議・無比・無限量の諸佛国土における女たち」といわれる「既に浄土に往生している女性たち」と、

B、現在、穢土にあって「（この世の）生を離れてから、もし再び女性であることを得るようであるなら

ば（往生できない）」と言われるＢの「女性たち」と、すでに往生しているＡの「女性たち」との間に、

何らかの齟齬はないでしょうか。

換言すれば、「すでに（浄土に）往生している女性たち」と、「穢土にいて、これから浄土に生まれるにあたって「再び女であることを得るようであれば（往生できない）」と言われている女性」との間に整合性はあるでしょうか。

それとも「すでに浄土に往生している女性達」は正覚を取ることができないのでしょうか。

本来は、「すでに往生している女性達」は、浄土では、男女等の差別も解消され、すべて一味で、平等に正覚が得られるのではないでしょうか。『浄土論』では、浄土に往生した「二乗人と女人と諸根不具人は往生後は「衆水の海に入って一味なる如し」という「すべて平等である」という先進的解釈がなされています。

換言すれば、「浄土に往生した女性」はその段階で、男女等の差別はなく、一味平等であることを意味します。

曇鸞も恐らく根拠としたであろう『大智度論』も中観系です。

『大智度論』（大正 25 p.459a）は次のように積極的に「女人往生」を説いています。

「問曰。餘処皆言菩薩摩訶薩。今何以言善男子善女人。答曰。先説実相智慧心。難受以能受故則是菩薩摩訶薩。今説供養・受持読誦等。離説故得称善男子善女人。復次経中説。「女人有五礙。不得作釈

提桓因梵王魔王轉輪聖王佛。聞是五礙不得作佛。女人心退不能初意。或有説法者。不為女人説佛道。是故佛此間説「善男子善女人。女人可得作佛。非不轉女人身也。」五礙者説一身事。善男子善女人義先已広説。」

これは要約すれば、次の五つにまとめることができます。

一、「**菩薩**」とは六波羅蜜の修行者、般若の智慧の実践者。

二、「**善男子・善女人**」とは大乗の修行者、供養、受持、読誦の日常的な修行の実践者である。

三、『阿含経』には「女人に五礙がある」と説かれていて、五礙の故に女人は成佛できない」と。そのため、女人は成仏を発意できず。また、説法者も女人の為に仏道を説かない。

四、しかし女人が救われないとしたら、大乗仏教としては不合理である。

五、このため、佛は「大乗経典」では「**善男子善女人よ。女人も成仏できる。女人の身を轉ずる必要はない**」という説が主張された。

十七、荘厳一切所求満足功徳の成就

「**衆生所願楽一切能満足是故願生彼阿弥陀佛國**」

「衆生の願いはすべて皆、満たされる。それ故、我はひとえにかの弥陀の国に往生せんことを願う。」

世親はこの十七種荘厳について、次のように解説しています。

「示現如来自身利益（自利）第功徳力成就、利益他（利他）成就故。彼無量寿佛国土荘厳第一義諦（勝義諦）妙境界相十六句及一句次第説応知。」と述べて、前十六種が自利であり、第十七功徳が利他であると規定しています。

## 三、佛の荘厳功徳（八種荘厳）＝平等智の働き

一、荘厳座功徳の成就

**「無量大寶王微妙浄華台」**

「無量の大寶王たる、妙なる浄き華の台（法界真如）まします。」

「釈曰。以大蓮華王。譬大乗所顕法界真如。譬法界真如雖財世間。不為泥水所汚。」（cf.『摂大乗論釈』（大正 31 264a）

二、荘厳身業功徳の成就

**「相好光一尋色像超群生」**

「相好（佛のお姿）は一尋の光の中に。色像は群生（一切衆生）を超える

三、荘厳口業功徳の成就

**「如来微妙聲梵響聞十方」**

「如来の妙なる御聲は十方に響き、聞こえざる所なし。」

四、荘厳心業功徳の成就

**「同地水火風虚空無分別」**

「御心は地・水・火・虚空に同じくして距てなし。」

五、荘厳大衆功徳の成就

**「天人不動衆清浄智海生」**

「天・人の菩薩等は清浄なる智慧の海より生ずる。」

六、荘厳上首功徳の成就

**「如須弥山王勝妙無過者」**

「須弥山王の如く、勝妙にしてこれに過ぎたる者はなし。」

七、荘厳主功徳の成就

**「天人丈夫衆恭敬繞瞻仰」**

「天・人の菩薩等は、敬い繞り、仰ぎ瞻（み）る。」

八、荘厳不虚作住持功徳の成就

**「観佛本願力遇無空過者能令速満足功徳大寶海」**

「如来の本願力を観ずるに、遇う者は空しく過ぎない。大なる功徳の寶を速やかによく満足せしむ。」

世親は「即見彼佛未證浄心菩薩畢竟得證平等法心。與浄心菩薩與上地諸菩薩畢竟同得寂滅平等故」と解説し、如来の本願力として佛を観るものは単に佛を観るだけではなく、未證浄心の菩薩（初地以上七地までの菩薩）をも浄心の菩薩（八地入除うの菩薩）と同一の功徳寳海に入らしめると注釈しています。（cf.『教行信證（證）』p.285）

**四、菩薩荘厳功徳（四種荘厳）＝観察智・作事智の働き**

一、安楽國（自性身）は常に無垢輪を轉じ、化佛菩薩を須弥山のように住持する。

**「安楽國清浄常轉無垢輪化佛菩薩日如須弥住持」**

「安楽國は清浄であり、（菩薩等は応化して）常に無垢の輪を轉じて、穢れなき御法（みのり）を説く、（安楽國は）化佛（応化した）菩薩という（衆生界の）日を須弥の如く護持する。」

二、荘厳光（自性身）は（応化身として）休みなく普く諸佛會を照らし諸群生を利益する。
**「無垢荘厳光一念及一時普照諸佛會利益諸群生」**

「無垢の荘厳（自性身）の光は（応化身として）一念及び一時も小休みなく、普く佛の集いを照らし、諸々の衆生を利益する。」

三、諸佛を供養し讃える功徳には距てはない
**「雨天楽華衣妙香等供養讃諸佛功徳無有分別心」**

「天の音楽、華の衣を雨降らして、妙なる香等を供養する。諸々の佛への功徳を讃えるのに距（へだ）てはない。」

四、佛法の三宝の功徳法がない世界に、三宝の功徳を普く示し、如実の修行を理解せしめたい。
**「何等世界無佛法功徳寶我願皆往生示佛法如佛」**

「（菩薩は願う。）もし何れかの世界で、佛法という功徳がなければ、我れ皆、願わくば往生して、佛法を説くこと、佛の如くになりたい。」

菩薩荘厳の第一、第二、第三は菩薩の自利であり、第四は菩薩の利他を著わしています。

## 五、廻向偈（廻向門）

**「我作論説偈願見弥陀佛普共諸衆生往生安楽國」**

「我は論を作り偈を説いた。願わくば、阿弥陀佛を見たてまつり、普く衆生と共に安楽國に往生せん。

## 六、諸師に見られる「一心」の意味

理鋼院慧琳師は次のように述べています。

「我一心者天親等。これことに一論の宗骨。祖師曰く。論主広大無碍一心を宣ぶ。普遍に雑染の堪忍の群萌を開化す。又曰く。群生を度せんが為に一心を彰す」（『真宗大系』P.124）

さらに次のように述べて、hṛdaya,citta,vijñāna 等から、アーラヤ識等にいたるまでのあらゆる心作用を教証に基づき解説しています。

「「我一心」と云うは本願力を信ずる信心のことと解すれば、すむことなれども。仏教に心と名づくるものに種々の差別あり。棟反せずば混乱の過を招く故に具解す。これ学問の先鋒なり。」

『論註』には次のような注意すべき言葉があります。

「我一心者は天親菩薩自督之詞であり、言は無碍光如来を念じて安楽に生ずるを願うこと、心心相続して他の想い間雑すること无であること」

この中で、「心心相続」という言葉は、瑜伽行派の思想では、一般にアーラヤ識の連続すること、「人間存在」そのものを意味する、とても重要なタームです。

理鋼院師は、「心心相続信心等流憶念本願。亦有称念義。心必具名号」という言葉について、次のように述べています。

「心心相続――心必具名号。等流とは等同流類なり。前心後心本願を憶念するを心心相続と云うなり。亦有称念義等とは。信心には必ず名号が具してあると云う義にあらず。真実信心必具名号というは。信心を獲れば自ら名号は念ぜらるる故に必具名号と云う」（『真宗大系』註疏部「浄土論註」P.131）

しかし「前心後心本願を念ずる信心」は汚染したアーラヤ識には宿ることはできません。アーラヤ識はそのためには転依しなければなりません。（cf. PPU. Skt. P.32-19）は次のように述べています。

「それの排除（vyavṛtti）とは何か。転依である。心の相続の相の依止である、雑染の依止の虚妄を以て止息（nivṛtti）は、清浄の分位を以て生起（pravṛtti）は虚空に至るまで続く。一切の雑染法の種子である習気の、その時、断たれる故に、所依のアーラヤ識という、それを依止する相が断たれる時、種子が滅する故に、一切の雑染法は生じない。また、かの所依は、その時、「無漏界」と言われる。それはまた、虚空のように、一味である。住処、受用物、身として顕現する識は種子が滅する故に、生じないことから、「解脱身」と言われる。」(cf.『摂大乗論』大正31 P.128b)

瑜伽行の修習によって、アーラヤ識を断じ、一切の雑染法の種子が断たれる時、転依すると言われています。アーラヤ識の転依により、諸識も転依します。

能依(心)は虚空のごとく、清浄・無染となります。

更に、ラトナーカラはppu (cf.PPU. Skt. P.57) で、次のように述べています。

「唯識の本来の知は識(vijñapti)の現量である。無迷乱であるからである。しかし増益された色の知は迷乱である。それ故、それも迷乱の相がすべて、順次に捨てられ、純一、無垢、無辺際の空に似た、一切の諸法の解脱身によって知られるものは勝義の正等菩提であるから、心、心所の滅尽することは不合理である。連続を引発する力の故に、そして純粋なる思想よりなる(cidrūpāṇa)仏の諸法の無尽であるその故に、心、心所の滅尽は不合理である。滅しない時、心、心所の相である所依は、有漏法の種子に於いて、「アーラヤ」と言われる。滅する時、無漏界、解脱心とも言われる。それ故に、心、心所の滅は不合理である。」

このように、アーラヤ識が転依して、無漏界、解脱身、すなわち、無分別智、さらに後得清浄世間智の世界が生じた時、『浄土論』において展開します。

易行院師は次のように「相続の一心」という言葉を捉えています。

「この一心は五念門の行と相応する所の一心なる故に。そこで相続の一心として釈せねばならぬとなり。相続の一心と云うもやはり安心の一心にて。安心の一心が相続して仏恩報ずる思いより五念門の起行を修するなり」

「相続の一心」とは宗祖の「相続心」のことです。

宗祖は『教行信証』信巻（『真宗聖典』P.241）で「相続心」について、つぎのような注目すべき言葉を記しています。

「相続心すなわち淳心なり。淳心すなわち憶念なり。憶念すなわちこれ真実の一心なり。真実の一心すなわち大慶喜心なり。大慶喜心すなわちこれ真実信心なり。真実信心すなわち金剛心なり。金剛心すなわちこれ願作仏心なり。願作仏心すなわち度衆生心なり。度衆生心はすなわちこれ衆生を摂取して安楽浄土に生ぜしむる心なり。この心すなわち大菩提心なり。この心すなわちこれ無量光明慧によりて生ずるゆえに。」

宗祖によれば、「世尊我一心」の「一心」すなわち「相続心」とは「光明無量慧より生じた大菩提心」、すなわちアーラヤ識が転依した、無分別智さらに後得清浄世間智でなければなりません。

「一心」については、山口博士は次のような注目すべき指摘をなされています。

「「一心」とは、［無分別智→清浄世間智・光明無量→寿命無量・智慧→大悲］なる本願が成就して、如来なる説法として人間の上に真如の徳が到達することによって開かれたものである。」（cf. 山口著『大乗としての浄土』P.103)

理鋼院師も「世尊我一心」について、次のような注目すべき見解を述べています。

「阿弥陀如来——令生信心［平等性智］は吾人自他の差別なし。弥陀は真言宗に［妙観察智］を主とすると云う。此［妙観察智］は断疑生信の智。此仏の断疑生信の得よりうる信なれば他力の信にして凡夫自力の信に非ず。弥陀は［妙観察智］の主なるゆえに、何れの処にも説法の徳を説く。小経の略本なる今現在説法と説く。浄土の聖衆は口音の説法を聴聞す。此度の衆生は説法はきかねども十方に名号の流行するが説法断疑の説なり。ゆえに聞其名号信心歓喜と云う。名号を聞いて信を生じ疑いを断ず。ゆえに文類に万行円備嘉号消障除疑とのたまう。もし［妙観察智］は他家の名言なればいやなりといわば五智の中の不思議智が［妙観察智］なり。聞其名号のところに断疑生信の益をう。此信心を世尊我一心と云う。」（『真宗大系』P.139b)

この中、「平等性智」とは、染汚意の転依態であり、二取の分別を廻遮した無分別智を自体とする「鏡智（アーラヤ識の転依態）」を無我無我処としての平等性として了得します。それは能所二取を離れた無分別後得智であるので、自分と他人との対立固執はなく一切衆生と我とは相互平等であると知る智と言われています。「妙観察智」とは、意識の転依態であり、有る物を知り、あるものは知らないということではなく、一切時に知るのであり、智は常に無碍であり、一切の疑いを断ち、広大甚深の大乗法を顕示する智と言われています。

「五智」とは、『無量寿経巻下』で、仏の智に①仏智、②不思議智、③不可称智、④大乗広智、⑤無等無倫最上勝智の五智があると説かれています。それは、密教で大日如来の智を五種に分けた、①法界体性智（法界のの本性を明確にする智）、②大円鏡智、③平等性智、④妙観察智、⑤成所作智の五智に基づいています。ここでは、右の②「不思議智」が、密教の④「妙観察智」に相当すると述べています。

このように、「五念門」の世界は、瑜伽行で転依した後得清浄世間智が展開している世界です。『大乗荘厳経論（SVB）』XI-43は、次のように、瑜伽地で転依した世界を述べています。それは、上述したように、1、平等性に到達すること、2、無垢の聖種性（無分別）であること、3、平等なること、4、殊勝であること、5、不滅不増であることと言われています。

宗祖も『文類聚鈔』（『真宗聖典』p.412）の中で次のように述べています。

「天親菩薩『論』を作りて説かく、修多羅に依って真実を顕わす。横超の本弘誓を光闡し、不可思議の願を演暢したまえり。本願力の廻向に由るがゆえに、具縛を度せんがために一心を彰す。功徳の大宝海に帰入すれば、必ず大会衆の数に入ることを獲る。蓮華蔵世界に至ることを得れば、すなわち寂滅平等の身を証せん。」

すなわち「具縛を度せんがために一心を彰わす」とは、染汚心であるアーラヤ識が転依して、無分別智・後得清浄世間智を獲得し、「大会衆の数に入ることを獲る」については、XI-43世親釈「会衆の輪において断絶なき法の受用が行われる故に」の安慧釈の「諸々の声聞は受用身によって諸々の菩薩の会衆の輪において大乗法の受用を断絶なく行なうことはできないが、如来は菩薩の会衆の輪において大乗法の受用を断絶なく行なう故に、受用は「殊勝である」と述べられ、更に「寂滅平等の身を証せん」については、SVB XI-43は「無漏界（無分別智）に悟入した時、一切の仏との身体と言語と意趣との平等性を得る故に、〈平等性に到達すること〉と言う」と述べ、更に「声聞と独覚と仏との解脱の身は無異であり、無差別である故に、「平等なること」と言う」と述べています。

『願生偈』は24行の中、最初の二行は五念門中の礼拝門と讃嘆門と作願門に、続く第三行から第21行までは観察門、そして最後の一行は廻向門に属すると言われています。

## 七、無分別智・後得清浄世間智の世界

『願生偈』の偈文はほぼすべてが無分別智・後得清浄世間智の世界を述べています。まずアーラヤ識については、中間の「衆生所願楽一切能満足」までは、十七種荘厳功徳として述べられています。十七種荘厳はアーラヤ識の転依態である無分別智＝「鏡智」の世界です。アーラヤ識は、とりわけ「処」なる大地・器世間は衆生世間の所依となり、草木など種々なるものが生起する所依となる点で重要視せられており、それの転依は特に「鏡智」と名付けられています。

『大乗荘厳経論』IX-60では、更にアーラヤ識の転依について、次のように述べています。

「自性的なるとまた受用なると、更に別に変化的な身のあることが、実に所佛の三身の区別である。しかし最初のものは（他の）二つの依り所である。」

IX−60の世親釈の「自性身とは法身であり、転依を特相とする」に続いて、安慧釈は、更に、次のように解説しています。

「自性身は法身のことで、阿頼耶識にある二障が断ぜられて法界における大円鏡智となったとき、法身と称せられる。受用身は汚染の意、マナスが転依して平等性智となり、第六意識が転依して妙観察智となったとき、入地せる菩薩たちに対して法の大なる享受をなさしめるのが受用身である。変化身は前六識が転依することによって、兜卒天乃至入涅槃を通じて衆生を成熟する」と述べています。」(cf. 長尾「『大乗荘厳経論』和訳と註解」（1）P.246)

山口博士によれば、「鏡智」という名称の謂れについては次のように解説しています。(cf. 山口著『仏教学序説』P.208)

「鏡の面では、ある方処に限って影像がおこり、ある方処に限っては起こらないということはなく、一切の方処において起こりまたある時において起こり、ある時には起こらないということなく、三世の一切時に起こるというように、人間の意図の動きというものが全くないこと（である）」

換言すれば、「無分別智によって後得清浄世間智が現在前するので、このアーラヤ識の転依である「鏡智」の上で、無住処涅槃の働きが得られ」、無住処涅槃の究竟せられる境域において、煩悩障と所知障が全く断たれて、清浄な鏡面に一切の影が映るように一切の所智が了得せられると言われています。

## ア、十七種の仏国土荘厳

更に十七種荘厳では、「鏡智」が器世間清浄として根本となっています。すなわち、この「鏡智」から、「平等智（染汚意の転依態）」と「観察智（意識の転依態）」と「作事智（了別境の転依態）」とが生起し、「鏡智」によって他の三智が衆生世間清浄として顕現し、証悟として能所の世間的実用態としてあるので、浄土が成立すると言われます。『願生偈』における三種荘厳すなわち、依報（仏国土）荘厳＝国土十七種、仏荘厳＝仏八種、菩薩荘厳＝菩薩四種は所謂、浄土であるが、それらの中、十七種が第一におかれているのは、それが基本であり、曇鸞が『論註』の中で「総相」と述べている点に意味があります。それ（十七種）は凡夫的な雑染の世界を超え、転依すなわち識を転捨し智を転得していることから、三種荘厳の初めに浄土の「総相」が示されている理由があります。

「鏡智」は煩悩障と所知障が断じられて、無住処涅槃が極められた境域、すなわち衆生世間の所依となり、草木などの種々なものが生起する所依をその基本的な形態の上で示されようとするので、十七種の荘厳の何れもがその上で表示されようとしています。

「略して彼の阿弥陀仏国土の十七種荘厳功徳の成就を説く。（それは）如来の自身の利益大功徳力成就と利益他功徳とを示現するが故に、彼の無量寿仏国土の荘厳は第一義諦の妙境界相である。十六句とおよび一句と次第に説くことを知るべきである。」

幡谷博士はその理由を次のように想定しています。

「そこでは、十六句は第一清浄功徳から第十六大義門功徳までを指し、一句は第十七者一切所求満足功徳を指していると見るべきである。何故なら『浄土論』は、三種荘厳について、自利利他の次第で表し、仏荘厳では最後に「不虚作住持功徳」を説き、菩薩荘厳でも最後に「示厳三宝功徳」が示されていて、特に利他の面をよく表しているものを、その最後に掲げるという配慮がなされていると見られるからである。そのような三種荘厳の構成からすると「衆生所願楽一切能満足」という「一切所求満足功徳」は浄土における如来の自利利他の成就を集約してあらわすものとして最後に置かれた。」

## イ、八種の仏功徳荘厳

これは、清浄の客体的な「所」の側面が前の十七種荘厳であったのに対して、今度はその清浄の主体的な「能」の側面であります。

ここの「観仏」の「観」とは、染汚意の転依態としての「平等智」のことです。『大乗荘厳経論』XI-45は次のように述べています。

「その中、意が転依するとき、無分別において自在となる。何故かと言えば、染汚意は不浄である時、アーラヤを所縁とし、清浄である時、無分別智のみを所縁とするからである。」

それ故にIX-45においても「意の転依において、威力に随行する純無垢の無分別智に関して最高の威力が得られる」

すなわち、染汚意が転依して「平等智」となる時には、（それは）二取の垢を離れた、無垢なる無分別智（無分別を自体とする鏡智）を無我・無我所としての平等性として了得するということであり、「鏡智（アーラヤの転依態）を了得する」というのは、無分別智を所知として能知するということですから、それは能所相対の世間知であるが、無分別智を先として得られた後得世間智と言われます。

その平等性について、山口博士は次のように分類しています。

①、我なるものが一切衆生であり、一切衆生が我々であるという平等性の証得。

②、無住処涅槃に住することによって、生死と涅槃との二つに差別なく一味であるという平等性の証得。

③、一切衆生に対する慈と悲を倶にすること。

④、衆生の願楽と意楽に従って衆生の前に自らの身を示現すること。

八種仏功徳荘厳は、上述した国土荘厳の主功徳の内容を開示したものです。冒頭の阿弥陀如来の所座として「無量大宝微妙浄華台」と述べられているものは『摂大乗論釈』の十八円浄で次のように述べられています。

「無量の徳の集積によって飾られた、大なる宝から成る蓮華の王の壮麗なるを依りどころとしている、（そのような浄土における大なる宮殿の中）におられた」（cf.『摂大乗論釈』大正31 P.264a）

『浄土論』においても、阿弥陀如来の浄土は蓮華蔵世界であり、浄土が真如法性、すなわち無上涅槃の覚りを開く大涅槃会であることを示しています。その蓮華蔵世界を依止としてはたらく如来について、身、口、意の三業の殊勝であることについて、次のように述べられています。それは八種の仏荘厳の中で、世親が前の十七種の中で注意して特別に注解をした第十六大義門功徳成就の場合と同様に注意すべきものに、仏荘厳の第二、三、四の仏の身口意の三業の荘厳功徳についてです。その中、殊更に第四についてのみ「無分別とは分別の心なきが故に」と言われていることです。これについては、曇鸞の『論註』に次のように述べられています。

「凡夫の衆生は身口意の三業をして、以って罪を造って三界に輪廻して窮まりやむこと有ること无けむ。云何に用いて、衆生を治すというかは、――（衆生の虚誑なる身、口、意の三業がそれぞれが）――①阿弥陀如来の相好光明の身を見まつれば、如来の家に入って、畢竟じて平等の身業を得る。――②阿弥陀如来の至徳の名号の音声を聞けば――平等の口業を得る。――③阿弥陀如来の平等の意業を聞けば――平等の意業を得る。」（cf. 幡谷編『浄土論註対照表』p.58）

ここでは、「畢竟じて平等の」とは平等智の内容であるとともに、「無分別とは分別の心なき故に」を意味しているので、「平等智」は「衆生の願楽・意楽に応じて示現する」ごとく、仏の三業の無分別が衆生を摂受すべく働いています。

## ウ、四種の菩薩荘厳

山口博士によれば、これは、前の仏荘厳と同じく仏国土・浄土という「清浄にするはたらきの態」の主体的な側面である、衆生世間清浄を菩薩の正修行で示すものです。それは仏道が積極的に実践される面を述べています。これは菩薩が仏の知慧と慈悲との両面を象徴していることから、仏の精神を人間の世界へ実現する使命をはたしているとも言われます。それは仏の応化身の活動を意味し、智の相では「作事智」に当たります。

「作事智」とは十方一切の世界において身変化と意変化と語変化によって、一切衆生の利益を成就するものと言われます。

菩薩の四種荘厳として提示されているものの内容は「作事智（五識の転依態）」と「観察智（意識の転依態）」とが具体的な一つの働きにおいて現わされています。本文では「彼の菩薩を観ずるに、四種の正修行功徳成就あり、まさに知るべし」と述べて、四種の正修行を述べています。「正修行」は如実修行ともいわれ、如実（yathā-bhūta）とは「縁起の道理に適した」ということでもあり、「真如」ということでもあるから、正修行は仏行であり、仏の精神を積極的に実践する主体としての菩薩というものの形をよく表示しています、すなわち、浄土なる「清浄にするはたらき」の主体的な側面としての衆生世間清浄ということの意味も表れている言われます。

上述したように、四種荘厳の第一は「安楽国は清浄にして、常に無垢輪を転じる」と言われています。『論註』では「無垢輪」について、「仏地の功徳であり、仏地の功徳とは仏地の功徳には習気煩悩の垢はなく、仏は菩薩の為に、常にこの法輪を転じ、諸々の大菩薩も亦よくこの法輪を一切の者を開導するのにしばらくも休息することのないこと」、すなわち、「安楽国土」なる鏡智に根底をおける、平等智→観察智・作事智の働きが表されています。

第二の正修行は「一心一念に大光明を放って、十方世界にあまねく至って衆生を教化すると言われています。「十方世界に至って衆生を教化する」とは、観察智の業の無碍と作事智の一体の働きを述べています。

第三の正修行は仏の応化身の大光明が一切の諸仏を供養し、恭敬し讃嘆すると言われています。それ故に本文では「諸仏功徳を讃嘆するに分別心あることとなし」と述べています。これは第二の正修行が下化衆生の徳を表すのに対し、第三の正修行は上求菩提の徳を語っています。

菩薩荘厳第四では、曇鸞は『論註』で次のように述べているのは注意すべきである。（幡谷著 ibid. p.73）

「（第一者、第二者、第三者という）上の三句は「遍く至る」と言うけれども、皆是れは有仏の国土のことである。もしこの（有仏という）句が无ければすなわち是れ法身は、法ならざる所として有るであろう最上の善であり、所として善ならざることの有る観行の躰相は竟（お）わる。」

この文の意味は少々難解ですが、山口博士は「仏の応化身の活動が、三宝のない無仏の世界にあって三宝の基礎をおき、三宝を秩序正しく布置して、その正修行のほどを一切衆生に了解せしめる」という仏の本務を果遂し、衆生利益を遂行する作事智の働きを表すものであると解しています。

曇鸞博士は「それは無仏の世界にあっては三宝を示現することによってのみ、菩薩行は真に果遂せられることを示すものである」として、無仏の世という危機感にたって浄土を願生した曇鸞が、いかにそのことを重視したかを述べています。すなわち、五濁無仏の時代における仏道の開顕ということが、曇鸞にとっての根本課題であったことが知られます。

# 第四章　「一法句者謂清浄句」とは

## 一、一法句について

まず一法句について、「この三種の成就は願心をもって荘厳した」という言葉に続いて、「略して説けば一法句に入る故に。一法句とは謂く清浄句である」と説かれています。山口博士は「真如という一法句が、真如の意味を充足するに当たって真如が本願として等流し、それによって二十九種功徳荘厳が成就した」と述べています。換言すれば、一法句―清浄句―真実智慧無為法身という一法句の内容の展転展開と、清浄句というその清浄を二十九種の荘厳広説の略説した形でしめしているにすぎないと述べています。

ところで、『浄土論』では、この「略説入一法句故」に先立って、次のように説かれています。「また、〔観察荘厳仏土功徳成就〕と〔荘厳仏功徳成就〕と〔荘厳菩薩功徳成就〕を向（さき）に説いた。此の三種の成就は願心をして荘厳していると知るべきである。」（cf. 幡谷編『浄土論註上下2巻対照表 P.74）

しかしこの言葉の直前に、曇鸞は『論註』で「浄入願心という者は」という一句を標挙して、それに続いて、「略説入一法句故」以下の文章をそれに続け、それで以って「浄入願心章」という一章を形成しようとしています。山口博士説はこの章を左記の二十九種荘厳の結びと見て、二十九種荘厳だけのための略説がその結びにおいて設定されていると主張しています。（cf. 山口 ibid. P.154）

## 二、理綱院慧琳師の「一法句」説

「一法句」を真如そのもの、または真如を意味するものの「依事」と考察していたのは山口博士のみの卓見ではなく、次のような、江戸時代の碩学、理綱院慧琳師の『浄土論註顕深義記伊蒿鈔』（『真宗大系』註疏部）にすでに見られます。本文は漢文に続いて和文の注釈・解説で構成されています。本論では、できるだけ、漢文は書き下して、著者の註も参照しながら、解説を進めていきたい。

理綱院師は「一法句」について次のように解説しています。

「略して説けば一法句に入る故に」について、上に国土荘厳十七句、如来荘厳八句菩薩荘厳四句を「広」となし、一法句に入るを「略」となす。――これは彼の国の菩薩の徳を歓（たたえ）て、すなわち広略の諸法が一如従り起こるのを知って、如如の境を理解する。如如の境、如如の智を名づけて一法となす。この一法句は能く一切の仏法を摂する。仏法は、即ち、二種の法身、二種の清浄である。『大集経』十五に曰く。如句、法性句、涅槃句、乃至、是れは一句に一切の仏法を総摂することを為す。

所以は何か。かくの如き等の句は句ではないからである。一切の仏法は句ではなく、仮に名づけて句とする。法は文字ではない。文字は法を顕わす。今、一法の名を以って、一切を統摂して、一法句と名づける。もし此の法を開くならば、すなわち二十九句の無量荘厳である。広略を見るべきである。」(p.339ff.)

上の文の各注釈は次の通りです。

「如如境如如智――」については、ここで境、智の二つをあわせて一法と名づけたのは、境、智が不二であるからです。その証は、「梁」の『摂論』に「以唯如如及如如智独存為法身（ただ、如如及び如如の智は独り存するをもって法身と為す）」という文です。上の文で、理綱院師が主張したかったのは次の二点です。

**①「広」は国土荘厳十七句、如来荘厳八句、菩薩荘厳四句「略」は一法句**

**②如如の境、如如の智は「一法」であり、「一法句」は一切の仏法を統括するもの**

## 三、広略相入について（香厳院師の解説）

「何故に広略相入を示現するのか。諸仏菩薩に二種の法身があり、一者は法性法身であり、二者は方便法身であり、法性法身より方便法身を生じ、方便法身より法性法身が出る。この二身は異なってしかも不可分であり、一つにして不可同である。この故に、広略相入し、法の名をもって統べる。菩薩はもし広略相入（二十九句即一法句）を知らなければ、即ち、自利利他は不可能である。――『大品経』に言う。菩薩は諸法の実際（一法句）を知る時、一切法の広略の相を知る。世尊よ、何等が諸仏の実際でしょうか。仏は言う。無際を実際と名づける。菩薩はこの際を覚り、一切諸法の略広相を知る。須菩提よ。もし菩薩は諸法の法性を知れば、この菩薩は能く一切法の略広相を知る。――略して一法句は理智不二法身真実之際である。この際の無尽無辺をまた「無際」と名づける。二十九句は清浄の広相である。」（p.345ff.）

上の文の注釈は次の通りです。「菩薩はもし広略相入を知らなければ」について、広は略に入るとは二十九句即一法句であり、略は広に入るとは第一義諦即妙境界相であり、略を知らなければ諸法性に通達できず、広を知らなければ、専求浄仏土を成さないという意味です。ここで注目すべきことは、**「一法句は理智不二法身真実之際である」**ということです。際は無尽無辺であるから、無際である。

## 四、「一法句者謂清浄句」について

「一法句者は謂く清浄句であり、清浄句は謂く真実智慧無為法身である故に」について、『論註』の「この三句は展転相入する。何の義でこれを名づけて法となすか。清浄を以っての故であり、何の義で名づけて清浄となすか。真実智慧は無為法身である故である」を引用し、さらに次のような経を引用して解説します。「究達神通慧遊入深法門具足功徳蔵妙智無等倫慧日照世間消除生死雲見彼厳浄土微妙難思議。」

これについて、理綱院の注釈は次のように述べています。

「一法句者謂清浄句、清浄句者謂真実智慧無為法身故」の「一法句者謂清浄句」は「一法句即清浄句（一法句＝清浄句）」ではなく、謂清浄句、謂（清浄句者）真実智慧無為法身故であると指摘しています。これは一法句＝清浄句ではなく、「謂」は「について語る」「ある概念をはっきりかこみ区別して言う」という意味を表します。（『新漢語林』）上の経文は、「一法句は清浄句について説いたものです」。「遊入深法門」とは「入一法句」であり、「慧日照世間」等の四句はそれぞれ、衆生世間清浄、衆生世間清浄を表しています。

山口博士によれば、「一法」とは「出世間世間無分別智」を意味し、「句」とは「依事（pada）を意味するので、「一法句」とは「一法の依事」すなわち、「後得清浄世間智」を意味しています。清浄句とは、「清浄句者謂（清浄句者）真実智慧無為法身故」と述べられているように、「真実智慧・無為法身」を意味します。『論註』によれば、「無為法身者法性身」といわれているように、「清浄句＝無為法身」は「法性身」を意味しています。したがって「一法句」は「法性身＝根本無分別智」について、すなわち、それについて成立する「後得清浄世間智」について述べています。

## 五、一法（法身、無分別智）と一法句（後得清浄世間智）

『大乗荘厳経論』IX-60は次のように述べています。

「アーラヤ識に存する所取と能取の垢が捨てられて、法界の鏡のごとき智（鏡智）となった時に、法身と言われる。法身は受用身と変化身との二つの依事であり、所依であるという意味である。」

すなわち、識の転依態としての智の世間的実用にあっても、智が大地・器世間としての顕現の転依した態である点で、それが鏡智と称せられ、鏡智はそのようにしてアーラヤ所依識の転依態であるので、このように、「法性身」すなわち「法身」はアーラヤ識の転依態すなわち「根本無分別智」（鏡智）と言われ、法身はさらに受用身等と関連する後得清浄世間智の依事でもあると述べられています。

換言すれば、「一法句者謂清浄句（無為法身＝法性身＝根本無分別智）」とは、「一法」（根本無分別智）の「句」（依事）である「後得清浄世間智」（一法句）が「根本無分別智」に依事して存在していることを意味します。

アーラヤ識の転依態である法身と受用身と変化身との関連については、ラトナーカラは次のように述べています。

「それ故に諸佛世尊は、解脱身が声聞、縁覚とは無差別である（na visiśyante）。清浄な水晶に似た外観を持っているから、すべての点で、解脱身は無差別であるからである。それらの法身は殊勝である。そのように、完全に転依した解脱身は雑染を滅しているからである。正等覚者の、かの法身も佛の諸法の所依であるから、諸法の法身である。何故にそれらの所依であるか。無量の福徳と智慧と資糧と願力をもっているからである。法身はまさに殊勝であり、受用（身）と変化（身）によって集められた、かの佛法は殊勝である。譬えば、月と太陽と水晶と火晶の中、他の水晶、火晶の玉の清浄さのみは無差別であるが、非常に大きなもの（太陽）は殊勝である。（佛世尊は）非常に高貴な人々に加治される故に、諸々の衆生の業の王者であるからである。」（cf. PPU. Skt. P.33）

更に『大乗荘厳鏡論』XI-44でも「住処と境と身として顕現するものの転依態は「無漏界」である。種子の転依の故に、それはまた、一切に遍在する所依である」と述べています。

山口博士は次のように、アーラヤ識の転依について、述べています。

「無分別智によって後得世間智が現前するので、このアーラヤ識の転依である鏡智の上で、無住処涅槃のはたらきが得られいることをいい、従って、無住処涅槃の究竟せられる境域において、煩悩障と所知障がまったく断ぜられて、清浄な鏡面に一切が影ずるごとく一切の所智が両得せられる、とも説くのである。さてその鏡智から、平等智と観察智と作事智とが生起し、鏡智は余の諸智の因となる点で大智蔵と称せられる。」（cf. 山口『仏教学序説』P.208ff.）

このように、アーラヤ識の転依した無分別智＝鏡智から後得清浄世間智＝平等智、観察智、作事智が生ずるのである。これは鏡智を因として、後得清浄世間智が生ずることを意味します。換言すれば、一法句（後得清浄世間智＝「無の有」）は、無分別智「無」＝鏡智を因として生ずることになります。

## 六、一法句・後得智は「無の有」である。

ラトナーカラは後得清浄世間智について、次のように結んでいます。

「かの不顛倒の真実（円成実性）も出世間智であり、それは無影像地と浄心地と金剛喩定の位において、一切法を虚空と等しきものと見る。出世間智（の後に得られた智）によって、（『入無分別陀羅尼』において説かれているように）一切法を幻（等）の八喩と等しきものと見ると説かれる。それを「清浄世間智」と言い、かの智は真実を洞察するから、「清浄」であり、迷乱によって、「世間」である。このように、佛地を求めることによって、少しばかり迷乱のある正等菩提である。清浄世間（智）を自性とするからである。（cf. MAU P.226a–5ff.）

清浄世間智とは、一切法を幻等の八喩と等しきものと見る智である。それはあきらかに智者の智であって、出世間無分別智が得られた後にえられる後得智として、人々に音声と分別によって勝義を顕示するので、「顕示の世俗」とも言われています。それはまた、雑染より清浄への転換が行われる依止としての「依他性」を行境とする智として、転依を得しめる智と言われています。

『唯識三十頌』二十二偈、安慧釈では次のように言われています。

「彼（円成実性）を見ない限り、彼（依他性）は見られない。しかし出世間智の後に得られた智によっても見られないというのではない。譬えば『入無分別陀羅尼』に「木等において象等の形相を、陽焔において水の形相を、反響において声の形相を、水中の月において月の形相を、変化において有情の形相を、分別せるものはすべて、その形相としては無である）と諸智者によりて知られるがごとく説かれているごとくである。――依他は清浄世間智によって把握せられる。――また、円成は虚空の如く一味である。智即ち［無分別智］によっては一切諸法を虚空に等しいことに於いて見る」と説かれた如きものである。依他の諸法の真如のみなることを見るから。」（cf. 宇井『唯識三十頌釈論』P.135ff.）

ここでは、真実性（円成実性）は出世間無分別智（無）の行鏡であり、依他性は後得清浄世間智（無の有）の行境であるとして、両者は区分されています。

長尾博士は三性を以下のように分類して、次のように述べています。

1、「存在しないという空性」＝分別性（遍計所執性）

2、「このようなもの（幻等）としてあるという空性」と「そのようには存在しない（虚空に等しい）という空性」＝依他性

3、「本性として空性」＝真実性（円成実性）

（cf. 長尾『中観と唯識』P.547ff.）

空性はこれら三性のすべてを総合し、とりわけ、分別性の「非存在（無）」と依他性の「存在（有）」との二つをその中に総合しているものとして、「無の有」は依他性であると述べています。換言すれば、依他性は三性を統一する位置にたっています。（cf. 長尾 ibid. P.193ff.）

# 第五章　瑜伽行派の空思想

## 一、中観派の空思想より瑜伽行派の空思想へ

ラトナーカラはPPUにおいて、次のような相違点を述べています。

「ナーガールジュナによっても、この一切が語られている。

「ここには何も生じないし、何も滅しない。諸々の因縁だけが唯一のものであり（pratyayā eva kevalāḥ）、（それらは）生じ、滅する。」「大種等は、智において排除されると説かれている。それら（大種等）は智において除去されるとは、虚偽に分別されているからではないか。」cf.『六十頌如理論』21,34）「大種等」と説かれるものは、識に含まれ内蔵されている。外の大種等が存しなくても、それとして顕現する識の、愚人における顕現があるからである。しかしそれはとりわけ無迷乱の出世間智において滅する。虚偽に分別されているからである。かの虚偽の迷乱によって、以前に分別されたものであるからというのが、第二偈の意味である。

それ故に瑜伽行派と中観派との確立された結論は等しい。しかしこれまでに、少しだけ相違がある。愚人に執取された色によって、諸法の無は、それ（諸法）の虚偽の故であるが、本来の自身の知識（識＝現量）によっては（その知識自体は）迷乱より離れているから（存在する）というのが瑜伽行派（の言い分）である。

しかし中観派は、（知識は）自性より無増益である故に、無顕現の相によっても、顕現の身（諸々の顕現）によって、諸法の有ではなく、無でもない。それ故に、因果の自体の自覚について、微塵も、観察を（瑜伽行派とは）共有しないと考えられている。」cf. PPU. Skt. P.35ff.）

両者の大きな相違点は、前者の瑜伽行派は、「そこに顕現した地等の大種は虚妄分別の所産であり常に無であるが、本来の知識（識）（＝現量 PPU. P.57-21）は常に迷乱を離れ、有であるとする」のに対し、中観派は、「識自体の働きは無増益で無迷乱であるが、それの顕現である諸法は常に有でもなく無でもない」と主張している点です。

右の中観派の主張を確認するために、中観派の資料として、用いられた『六十頌如理論』第三十四偈を引用します。

まず、その原意を知るために、山口益博士の和訳を引用します。

「――大種等と説かれたるものは識中に摂せらる。もし彼［識自性無なること］を知るによりて［彼識所生の大種が形体の滅するとき、影像滅する如く］離れたるときは、邪に分別せられたるにあらずや」

中観派では、「大種等」は常に側線部のように、「邪に分別されたもの」と理解され、それ故に「その識が縁起生の故に（有でもなく無でもない）無自性空であることを知れば、識によって存在の覚知せらるるものも無自性空なるに至る」ということが主張されます。

これに対して、ラトナーカラはMAUで次のように、瑜伽行派の立場から、中観派の「有でもなく無でもない」という中観派の「無自性空」説を批判しています。

「更に「一切のものは有でもなく、無でもないことが中道である」と言うならば、それは不合理である。有と無は相互に他を排除することを特相とするものであるから、一方を否定することによって、他方が表示されるから、（有と無の）両者を否定することは不合理である。更に、一切のものが虚偽であるという道理によって、一切の知も虚偽であるから、現量は全く成立しない。それ故に（因の）三相は不確定であるから、一切の因も似因となるであろう。更に自と他について、否定と証明はすべて不成立である。それらすべては量に依存するから、そして量は認められないからである。言葉のみによって否定されるならば、「お前はまさしく牛ないし異教徒ローカーヤタ派の見解を有する者である」と、他の者に言われた時、人間と中観（派）であることが否定されることになろう。」（cf. MAU（P.229b-1ff.）

更に、ラトナーカラは、PPUにおいて、心、心所が勝義として実在し、それ故に人々が菩提に到達できることについて、上述の瑜伽行派の「本来の自身の知識（現量）によって迷乱より離れているから」という点から、と反論しています。

## 二、瑜伽行派の空思想

世親は、『浄土論』で、「一心」を、右の瑜伽行派の唯心思想に求めました。その唯心思想の重視の根拠を、次のようなラトナーカラの、中観思想に対する瑜伽行唯識思想の優越性の主張に見ることができます。

「更にまた唯識における本来の自体の知覚（nijarūpasaṃvedana）は識（vijñapti）の現量である。無迷乱である故に。増益された色の知覚（saṃvedana）は迷乱である。それ故に、それらの迷乱の相は完全に、順次、捨てられて、純一、無垢、無辺際の大気（vyoma）のような一切の諸法の顕現身（諸々の顕現）の、二つのもの（所取、能取）の空性の知覚であるそのものは正しく、勝義の知覚の理解（sambodha）である故に「心、心所の滅は不合理である」。積み重ねられた資糧の牽引力によって純粋なる思想よりなる（cidrūpāna）仏の諸法は無尽である。それ故にまた「心、心所の滅は不合理である」。心、心所の相続する相は不滅であり、所依が、有漏法の種子が滅しない時、「アーラヤ識」と言われる。（所依が）滅した時、無漏界、解脱身、法身と言われる。それ故にまた「心、心所の滅は不合理である」と。

世尊によって（次のように）説かれている。

「色の滅、色の無常より識の滅、識の無常までの、これらは「相似般若波羅蜜」である」と。それ故にまた、「心、心所の滅という理解（sambodha）は不合理である。無迷乱の出世間智の、歓喜等の地に到達しない時、法宝である般若波羅蜜の棄捨（pratyākhyāta）と仏宝である菩薩の僧伽を棄捨するであろう。しかし（それらに）到達しない時、「心、心所の滅という理解は不合理である」。無影像の般若波羅蜜（nirābhāsam prajñāpāramitām）を捨てる彼等（中観派）の過失は以上である。」

（cf. PPU. Skt. P.57ff.）

この中で、ラトナーカラは繰り返し、「心、心所の滅は不合理である」と述べています。とりわけ、「五蘊の滅、無常」を求める、中観派の「相似般若波羅蜜」を批判し、瑜伽行派の「無影像般若波羅蜜」を求めています。

彼の批判の要点は、大別すれば、次の五点に分けられます。

ア、勝義を証得するものは一切法として顕現した一切法の所取、能取の空を証得するので、「心、心所が尽きることは不合理である」こと。

イ、積み重ねられた資糧、すなわち悟りに向かう糧となるものの力によって覚ることを本質とする仏法は無尽であるから、覚るためには、修行中、「心、心所が尽きることの不合理性」。

ウ、心、心所の尽きることのない相続の所依であり、有漏の一切の種子の所依であるアーラヤ識が転依し、一切の種子が尽きた後、無漏界、解脱身、法身となると説かれ、その間の「心、心所の尽きるこ

との不合理性」、

エ、世尊によって五蘊すなわち、色、心所（受、想、行）、心（識）の滅と無常は「相似般若波羅蜜」と説かれているように、五蘊の滅は認められないこと。

オ、「心、心所の滅した波羅蜜は不合理」である。心、心所が滅し、迷乱が尽きても、心、心所がなければ、出世間智は歓喜等の階位に到達できないので、般若波羅蜜を棄損し、菩薩の僧伽と仏法を棄損するであろう。もし歓喜等の階位に到達したとしても、心、心所の滅することは正覚の菩提であることは不合理である。形象が虚偽であり存在しない、顕現のみの心の無影像の般若波羅蜜（無分別智、無分別後得智）を捨てる中観派の過失を指摘しています。

## 三、瑜伽行派の方法で、『浄土論』の「穢土」より「浄土」への移行（転依）を想定する

転依とは、文字の通り、依り所となっているものが転回して別のものとなることであって、自己の立っている地盤そのものがひっくり返ること、それによって新たな世界が開け、新たな光によって照らし出されることです。

ラトナーカラは、転依について、PPUで、次のような解説をしています。

「それ（虚妄）を排除するもの（vyāvṛtti）は何か。転依である。（それは）心相続の相の依止という、雑染の部分にて、（雑染を）断絶し、清浄の部分にて、虚空に至るまで（清浄を）達成するもの（pravṛtti）

である。一切の雑染法の種子という習気は、その時、断絶する故に、所依のアーラヤ識という、それを保持する相が、その時、放棄される。一切の雑染法は生じない。その時、かの所依は無漏界と言われる。それは虚空のごとく、一味である。住処と受用物と身体として顕現する知（jñāna）の種子が尽きる故に、（それが）生起しない故に解脱身（vimuktikāya）と説かれる。」（cf. PPU. Skt. P.32ff.）

転依の思想は、瑜伽行派では、この学派に特有な三性説の理論によって準備されています。すなわち、それは相対性としての依他性（アーラヤ識）の場において、煩悩に汚染された状態、すなわち分別性の世界が、清浄な状態すなわち真実性の世界へと転換することを意味します。

しかし上述したように、瑜伽行派では、分別性と依他性の二性と真実性とは上述したように、諸行と真実との、所謂「性相融即」的な関わりを有しています。

ラトナーカラはPPUで「真実性」と「依他性」「分別性」との「不一不二の関係」について、次のように述べています。

「かの虚妄分別であるそれは一切の有漏行（世俗の行為）と一切の汚染（善、悪、無記の煩悩を助長するもの）と一切の輪廻とをもたらすもの（識）である。しかし、かの真実性であるものは、かの虚妄分別の空性である。何によって空性であるか、二つのものによって、（すなわち）所取と能取として分別されたものによってである。それの空性の相はかの虚妄分別における二つのものの無（dvayasyābhāvo）（分別性）と二つのものの無の有（依他性）（dvayābhāvasya bhāvaḥ）とである。

何故なら、その空性は二つのものの無であるから、それは有ではない。それは二つのものの無の有であるから、それは無ではない。」(cf. PPU. Skt. P.28)

ここでは、真実性（空の相）は二つのものの無（分別相）と二つのもの無の有（依他性）であると述べていることは注意すべきです。

更に、この教証として、次のような『中辺分別論』(I-13) を引用して、次のように結んでいます。

「更に「二つのものの無（分別性）と、無の有（依他性）とは空の相（真実性）であり、有でもなく無でもなく、異なるのでも、同一の相でもない」(cf. MV. I-13) と説かれている。

彼の主張の「三性の不一不異」については、上述の通り、すでに長尾先生も同様のことを、『中辺分別論』相品で世親に関連して解説されています。(cf. 長尾著『中観と唯識』P.193ff.)

上田義文先生は「唯識三十頌」第二十二頌の「この故に、それは依他と異なるのでもなく、異ならないのでもない。無常等の如くに説かれるべきである。これが見られないときは、それは見られない」に関して、次のように述べています。

「安慧釈では、真実性と依他性とが異ならないということは、依他性の空を意味しているので、右に見たように、依他を空じないという成唯識論の思想と相反対立する。

さらに依他が空であるということは、真実性と依他性とが異ならないことを意味しているのだから、依他の空ということに立てば、依他性と真実性とは異なるところがないから、両者は同一である。つまり依他性は真実性にほかならない。換言すれば、両者は同一（identical）であるけれども、その同一性は直接的な同一性ではなくて、依他の否定（空）を通しての同一性である。依他をAとすれば、非Aが真実性にほかならない。そしてこのA（依他性）と非A（真実性）とが不異（同一）であるということである。ここに矛盾律に反するような超合理的な思想が見られる。」

このような諸行と真実との不一不異の関係を超えて、「諸行から真実への転依」が真実を実現する手段として、瑜伽行派では、二分依他の観念の萌芽、更には諸行（土）から真実（金）への転向への象徴として「金蔵土の譬喩」によって「転依」が解説されています。

## 1、瑜伽行派における「二分依他」思想への萌芽

PPUでは、次にような興味深い記述が見られます。

「依他性（paratantra）はまた、真実性（parinispanna）によって色として縁ぜられているものは勝義有（paramārthasat）となる。しかし（依他性は）分別性（parikalpita）によって色として縁ぜられているものは仮有（prajñaptisat）である。雑染の所縁であるからである。雑染の所縁は清浄ではないからである。」（cf. PPU. Skt. P.25ff.）

これは瑜伽行派では、極めて通常な表現ですが、このような過程を経て、『阿毘達磨修多羅経』の「二分依他性」へと展開への萌芽と推定されます。

## 2、『阿毘達磨修多羅』は金蔵土の譬によって転依を説く

「論に曰く、此の義の中において何を以て譬と為すや。金の蔵する土を以て譬と為す。譬えば金の蔵する土の中に於いて、三法、一には地界と、二には金と、三には土とが有り、地界の中に於いては土は有なるに非ずして而も顕現し、金は実には有にして顕現せざるを見るが如し。此の土を若し火を以て焼錬せば、土は則ち現れずして金の相は自ずから現ず。此の地界の土の顕現する時には、虚妄の相に由りて顕現し、金の顕現する時には、真実の相に由りて顕現す。是の故に地界には二分が有るなり。」

「世親釈――如来は此の義を顕さんが為に、「金を蔵せる土の譬」を説かれました。金を蔵しているのは地界である。是れは金の種子であるから、説いて金蔵土と名づける。。堅触を地界とし、所造の色を土と為し、色塵等と謂う。この三つは了別すべきである。此の地界は、先きに土相をもって顕現し、後に金相をもって顕現する。何故か、此の地界は、若し火の為に錬せられれば、金相は則ち顕われる。是の故に地界に於いて実に、金は有るという此の意義は信ずべきである。」（『摂大乗論釈』大正31 P.193b ff.）

『摂大乗論釈』はこれに続いて、本識すなわちアーラヤ識が無分別智の火に焼かれる譬喩を用いて、この転依を解説しています。

「此のように、本識は未だ無分別の火の為に焼錬されない時は此の識は虚妄分別性に由って顕現し、真実性に由って顕現しない。若し無分別智の火の為に焼錬される時、此の識は真実性を成就すること

によって顕現し、虚妄分別性によって顕現しない。此の故に、虚妄分別性の識即ち依他性に二分有る。譬えば、金蔵土中の如くである。」

# 第六章　無分別智・後得清浄世間智の世界

## 一、無分別智の成立

ラトナーカラは『入無分別陀羅尼経』（Avikalpapraveśadhāraṇī）を引用して、次のように述べています。

「このように、一切の能分別の相に無作意であるかの菩薩は、無分別界を獲得しない限り、無顕現に向かう修習によって、現前の顕現を捨離すべきである。しかしかの無分別界に接近するために、かの正思惟の三昧がある。無分別界を証得するために、彼はかの正しい修習を継続することにより、修行を継続することにより、幾度も修行することにより、正しい作意を継続することによって、無功用により、無加行により、無分別を獲得する。そして順次に清浄化する。」

彼は次のように、それぞれの語句を解説しています。

「この中「無分別界」とは無分別智である。「獲得（sparśa）する」とは証得することである。「正思惟（yoniśas）」とは真如（tattva）である。何故に「正思惟」であるか。（それを）対象とすることによって、因となるからである。何に対する「正思惟」であるか。聖なる諸法のである。「修習（āsevana）とは聖教より教授されること、**「聞所成慧」**である。「修行（bhāvanā）」は修行することに専念することにより到達すること、**「思所成慧」**である。「幾度も修行すること」とは再三作意することであり、**「修所成慧」**である。それら三つは「正しい作意（samyaṅmanasikāra）」である。これらすべてによって行われた修習の力と習気によって任持し随順して継続する河のように流れるそのことがそれらの「継続（anvaya）」である。「無功用（anābhoga）」と「無加行（anabhi-saṃskāra）」はそれぞれの意志的努力（pṛthakprayatna）の中でである。「獲得する（spṛśati）」とは「**歓喜地で**（pramutitāyāṃ bhūmau）」。「順次に（krameṇa）とはそれより上の地において**（法雲地までの九地において）**。」
（cf. PPU. Skt. P.73ff.）

## 二、後得清浄世間智の世界

無分別智は無分別であるゆえに、諸法の因果を得くことはできません。それを説くためには、清浄であり、顛倒のない、しかも世間智である後得智が必要とされます。それは無分別智の後に得られる世間智であるから、分別智であって無分別ではないが、それは世間智であるにもかかわらず、無分別智に従って誤りなきものであるので、後得清浄世間智と言われています。

後得清浄世間智の内容の解説は、**第二章　瑜伽行と唯識説**の項で詳説したので、ここでは、続いて、『無分別陀羅尼経』によって、後得智を達成した後の、菩薩の利益等について解説する。ここでは、『無分別陀羅尼経』本文に従って、それに続いて、最初に関連する「偈文」と解説の「散文」を述べ、続いて、ラトナーカラのそれらに対する解説を述べます。

「さて、これ（後得清浄世間智）の利益について、かの功徳を略説された一偈によって、詳細に説く。一偈頌は説く。

「極めて平静（praśānta）で、不動（acala）で、最も勝れたもので、自在（vaśavarti）、等しくて等しくないもの（samāsama）である、それ故に、無分別なる安楽を、菩薩は証得する。」以上は「偈文」。

「大いなる楽に住することの広大（vaipulyatva）であることを得るであろう。大いなる心の証得に住することに広大であることと、大いなる智慧（prajñā-jñāna）の広大であることと説法の心の広大であることと衆生の利益を行なう心の広大なることを得るであろう。」以上は「散文」。

ラトナーカラの解説

「さて、「極めて平静」とは煩悩を脱しているからである。「不動」とは退転しないからである。「最も勝れている」とは他の楽より最も勝れているからである。「自在である」とは欲するままに、そして欲する限り、実現するからである。「等しい」とはそれ以外の安楽と種類が同一であるからであり、「等しくない」とは、それら（以上の）四つのものと相違するからであって、「等しくて等しくない」のである。「それ故に」とは「無分別智であるから」である。」「大なること（mahatva）」は心の広大なること（audārya）である。かの三昧によって楽しむから、「住すること（vihāra）」である。心の完成（samṛddhi）は「禅定を自性とすること」である。説法とは「法を説くこと（dharmākhyāna）である。利益を成就することは「煩悩の制伏等」である。「広大であること」こそ「それらに自在であること（esa savaśitva）」である。」（cf. PPu. Skt. P.78ff.）

## 1、三身（自性身・受用身・変化身）とは、

『教行信証』証巻の初めに（『聖典』P.280）、「無上涅槃はすなわち無為法身なり。無為法身はすなわちこれ実相なり。実相はすなわちこれ法性なり。法性すなわちこれ真如なり。しかれば弥陀如来は如より来生して、報・応・化の種々の身を示し現わしたまうなり。」と説かれている、三身のそれぞれの関連をさらに、『摂大乗論釈』によって明らかにします。

『摂大乗論釈』（大正 31 249c）では、次のように述べています。

ア、「**自性身**とは、諸如来の法身である。

釈して、此の三身中、もし自性をもって法身となすならば、自性に二種の定めがある。どんな自性をもって法身とするか。

①、一切の障（碍）を滅しているから、

②、一切の白法（清浄の善法）が円満しているから、唯だ真智及真如のみ有って独存する。説いて法身と名付く。身は依止をもって道理とする。どんな法が依止となるか。

「一切法における自在が依止するから。釈して、一切法の自在とは十種の自在を謂う。又、因中の十波羅蜜、果中の一切の不共（仏）法をすべて得て、すでに失わず、如意に運用するから、自在と名付く。自在は数量（計ることが）できない。諸法の数量に随って自在もそのようである。どうして、この法が法身に依止するのを知るか。（それは）清浄及円智、即ち如如、如如智を離れないからである。」

イ、「**受用身**とは、諸仏の種々の（国）土および大人（菩薩衆）の集（会）の輪の依止として「顕わにされたもの（仏身）」である。

釈して、（国）土には衆宝の差別はあるが、数量する（計る）ことができないので、「種々の」と称う。此の無量の宝土は仏の応身に依って得られる。諸菩薩を「大人の集」と名く。是の菩薩衆が善友に親近し、正聞、正思、正修等をすることが輪の本体である。（転輪）聖王の金輪のように、能く此（の金輪）に従って彼（の菩薩衆）に至る。「未だ得ざるものを得しめ」「已に得たものを失わざらしむ」。能く上下並行にする此は（金）輪の用（働き）である。菩薩も亦そのようである。もし応身を離れれば、すなわち二つの事は成立しない。故にこの二つの事は応身を以て依止とする。能依止（応身）によって成立するゆえに所依止（法身）は顕現する。」

「此れは法身をもって依止とする。

釈して、法身は依止することはない。此の身（応身）には依止がある。前に述べた如く、一切法における自在が依止であるから、是れすなわち、応身の依止は法身であることを明かすから、二身には相異がある。」

（cf. **応身＝受用身**について、長尾『摂大乗論』下 P.318（注2）参照）

ウ、「**変化身**は、法身が依止となっている。

釈して、法身は依止することはない。此の身（変化身）には依止があり、前に言ったように、一切法における自在が依止であるから、これは即ち変化身は法身に依止することを明かす。故に二身に相異はある。」

「兜卒陀天に住することより、及び退いて生を受ける。

釈して、此れより下は、化身を明すに、体は応身と異なる。応身は大智大定大悲をもって体となす。化身はただ、色形をもって体とする。所現の色形は、先ず、兜卒陀天中に住し、後に人中に生まれ、先ず、二十年、中陰を受けて生まれるから、［退いて］と言う。後に釈迦家において生を受ける。」

## 2、四智により、『浄土論』を見る

『摂大乗論釈』（大正 31-253b）には、法身十義の第三「自在なるを得る」の五蘊の転依の中の「識蘊の転依」の解説に関連して、四智が説かれている。

「識蘊」の転依は転依の中心的な意味をなすと考えられています。上述のように、アーラヤ識が転依して「鏡智」が得られ、自我を思惟する染汚意が転依して自他平等なる「平等智」が、第六意識による認識的な考察が転依して「観察智」が、眼等の前五識が転依して「仏としてなすべきことを遂行する智」、すなわち「作事智」が得られます。

『摂大乗論釈』（大正 31 P.253b）では、次のように解説しています。

「五、顕了（鏡智）、平等（智）、廻観（観察智）、作事（智）に自在なること。識蘊の依を転じる（転依）に由っての故に」

### ア、鏡智（於一切法無有過失。證知非現前境如対現前。譬如人憶持熟修文句。）

「一、如来は一切法において過失（忘失）が有ることはない。現前しない境を現前に対面してしているかのように明らかに知覚する。譬えば人が文句を記憶し熟知しているかのように。」

山口博士はは次のように、『浄土論』の中に、それの特性を見い出しています。

**①鏡智は不動を本性とするが、そこには不断にものが起動しうる可能性がある。**

ここでは、鏡智は、物の所依となっているかたちを明確に示しています。次の「十方衆生の往生者」以下は、器世間（所）清浄の鏡智の上に、衆生世間（能）としての諸智がどれ位の量において働くかを示しています。

十七種荘厳の第二荘厳量功徳の「究竟如虚空広大無辺際」の『論註』の「十方衆生の往生者は、若しくは已に生じ、若しくは今生じ、若しくは当に生ず。無量無辺なりと雖も、畢竟して、常に虚空のごとく広大にして際なく、終に満つる時なし。この故に、「究竟如虚空広大無辺際」と述べています。

**②鏡の上の影像には、その動作の上に「自分のためにしよう」とする意図がない。**

②と次の③はそこに我執我所執の働く可能性のないことを示しています。

例えば、第七荘厳蝕功徳成就の「宝性功徳草柔軟左右旋蝕者生勝楽過迦旃隣陀」について、「自分のために」という意図を持つものは、迦旃隣陀草に触れても、それに固執するから、それは硬強であるが、それに固執しないものには、それは柔軟に左右に旋転して、他の人々の意図に即し、触れるものに「法喜の楽を生ずる」ように。

**③鏡の影像が起動するのは場所と時間の限定がない。すなわちそこには人間の意図が動いていない。**

第八荘厳三種功徳地功徳の「宮殿諸楼閣観十方無碍」の『論註』に「菩薩は此れを見そなわして大悲の願を興こしたまえり、願くば我国土の地は平らかにして掌の如く、宮殿楼閣は鏡の如くして十方を納めるに、等しくして属（連なるところ）なく、属のないわけではなく、宝樹宝蘭は互いに暎飽（蔭）を為す」

に見られるように、これも我執我所執の働く可能性はありません。。

**④鏡智においては、無住処涅槃の究竟せられた姿として、煩悩障と所知障が断じられており、清浄な鏡面に一切のものが任運に映るように、そこには一切の知られるべき事柄が了知せられる。**

これは十七種荘厳は未転依にあって雑染の基本であったアーラヤ識が二の覆障が断られて、清浄の基本となった鏡智を体とするものです。それでこれは十七種荘厳のいずれにも、鏡智の内容としてかかげられた諸事項との関連があります。(cf. 山口『大乗としての浄土』P.83ff.)

**イ、平等智（従通達真如以来。於一切衆生得平等心。由證平等清浄法故。）**

「2、真如の深奥に達してより以来、一切の衆生に対して平等な心を獲得する。平等な清浄法を證ることに由るからである。」

平等智は染汚意の転依態であり、無分別智を自体とする「鏡智」を対象（所）とし、それを無我無我所の平等性として了得する後得世間智です。それの対象は能所を離れた無分別智であるので、自他の対立固執はなく、一切衆生と我とは相互に平等である。その平等は衆生の願・意楽に随って、衆生の前に自らの心を示現するという捨身的利他行ともなる。『浄土論』では、先の十七種荘厳に続く仏荘厳功徳には、そのような平等智の性格が約半分にわたって現わされています。まず第一に注意されているものは仏荘厳の第二、三、四に示されている身口意三業の荘厳であり、これについては上述の如くです。次に取り上げられるのは「不虚作住持功徳」という一項であり、仏荘厳住持功徳の最後に置かれています。これも上述した通りです。先の十七種荘厳の基本的なあり方の結びとして清浄の客体的な側面としての器世間清浄である仏国土の、そして今は清浄の主体的な側面としての衆生世間清浄の中の基本的なものが仏荘厳の結びとして提示されています。

## ウ、観察智

「3、三摩提（samādhi）（門）、陀羅尼（dhāraṇī）門を守り、此の法門中において、［所欲］欲するだけ法を取り、如意（思いのままで）無礙（障りがない）。譬えば、財主がその庫蔵を守り、用［必要な物）を取るのに無礙である。是れを［観察智（廻観智）］と名づける。」

## エ、作事智

「4、兜卒天に生まれ及び般涅槃を受け、（仏として）声聞及び下地の菩薩に無流の善根を立てんが為に、如来事を顕わす（如来の勤めを果たす）。是れを［作事智］と名づける」

観察智と作事智とはそれぞれ意識と五識との転依態です。意識は染汚意を所依とするために、法執に限定されるから有碍であるが、それの転依態としての観察智は：欲するだけ、一切のものを一切時に知るので、智は無礙であると言われます。この智の無礙、業の無礙と言われる内容から、この観察智はさきの鏡智を対象として働く能智でもあります。

作事智はこのような観察智の業の無礙なる内容がより具体的な智の形で示されるものが作事智です。それは仏としての本務を完成することが智の形が表示せられているものです。このような仏としての本務の遂行は我々の感覚の世界で実証されねばならないので、感覚知である五識の転依態です。しかし意識と五識は転依する以前は総括的に了別境識として、対象を認知する心作用として別個に扱われないこともあって、転依態としての観察智と作事智は一つに総括した形とされることもあります。換言すれば、観察智と作事智は具体的な一つのはたらきとして表わされているようです。これら二智が一つに総括せられたものも、染汚意の転依態としての平等智を所依としてはたらくが、その平等智は「仏荘厳」の主な内容として表示せられているので、観察智と作事智との総括されたものが、仏荘厳を所依とする菩薩荘厳によっても表わされます。（cf. 山口著『大乗としての浄土』P.99ff.）

## 三身と四智との関連とは、

1、アーラヤ識の転依態（無分別智）＝鏡智＝自性身（法身）である。
2、染汚意の転依態＝平等智、意識の転依態＝観察智であり、は共に、いずれも受用身である。
3、五識の転依態＝作事智＝変化身である。
4、鏡智によって、他の三智（平等智、観察智、作事智）が生ずるので、受用身と変化身はともに、法身に依止し、法身より生ずる。

5、鏡智は「無分別智」に、平等智、観察智は「後得世間智」に区別される。

6、それら「無分別智・後得世間智」はともに「無分別」なる働きがある智であるから、二つともに法身に配せられる。

# 第七章　唯識論者と中観論者との対論

## 一、心、心所の自証は剣の刃が自らを切ることができないように不合理であると主張する中観派の主張

「世間において周知であるもの（lokapratitih）は世俗のものであり、外境も世間において、周知であるものであるから、それも又、心、心所のように、世俗として存在する。しかし、心、心所は迷乱である。勝義としては、自証においては、剣の刃のように、（刃）自らを切るいう矛盾があるから、他証も混乱のみであるから、双方（中観派と瑜伽行派）の（見解の）一致する処であるから、それ故に、迷乱の滅は、勝義の証得と諸仏の心、心所の滅である。それら（心、心所）の継続の無い時、それによって、諸法の継続の無は勝義に適合するから、領納（vidito）となる。無住処涅槃は、すべての利益を作すために、色身を加持して後に、勝義を証得するからである。」（cf. PPU. Skt. P.55）

この中観派は心の顕現の虚妄を説き、「世間で周知であるものは世俗のものであり、外境も同様である」

と説き、「自証説」を承認しない。自証説とは、瑜伽行派の唯識説では、識以外の実在を認めないので、識の対象は外境ではなく、識そのものである形象に他ならない。従って、自証説とは、識自らが形象である識自らを知るという構造となっています。

中観派はそのような自証説を批判して、「勝義としては、剣の刃が刃自らを切ることができないように、心、心所は（自らを）自証することは矛盾であり、他の心がそれを知ることも過失のみであるから、心、心所は勝義としては存在することできない。迷乱が尽きることは勝義の証得と、諸仏の心、心所が不生であると主張して、無住処涅槃は色身を加持して、勝義を証得することである」と主張しています。

### 中観派の教証

「剣の刃が自らを切らないように、指が自らに触れないように、同様に、心は自らを見ない。作用（kāritra）の矛盾の故に、それ故に、自証は存しない。『聖楞伽経』中に説かれているように」（cf. PPU. Skt.P.57）

「「剣の刃を、剣が、（指の）先端を、指が、切ったり、触れたりしない様に、同様に、心は自身を（見ない）。」」（Las X-568）

## 二、中観派の教証に対する唯識論者の反論

そこで、我々は言う。この偈によって、自証（svasaṃvitti）においては、心（cetas）の所取、能取

の自体を否定する。それ（自証）の（所取、能取）という区別に依るものである故に（adhīnatvat）。切ることと触れることのように。更に、自証は否定されない。（心の）顕現を自性とするからである。（ものが）知覚されることは自証である。それは、これ（自証）は（所取、能取が）区別される時、（知覚するものと知覚されるもの）とが同じ心であるとして矛盾するからである。（能取と所取が）区別されない時は抑制される（niyamate）が、（所取、能取は）否定されない（niṣidhyate）。「それ故に、そのように、心は自らを見るものである」というこの点に「（心は）自らを執取しない」というのは言外の余意である。」（cf. PPU. Skt. P.57ff.）

対論者である中観派は「識自らが境として顕現し、識が自らを境として分別する」という瑜伽行派の自証説に対して、剣が自らの刃を切らず、指が自らの指の尖端に触れることが不可能であるように、このような瑜伽行派の自証説は不合理であると主張して、中観派は教証として『聖楞伽経』を引用する。これに対して、ラトナーカラは、自証説においては、主観の識が客観の事物を切るとか触れるというような能所関係は否定され、剣の刃が刃自らを切るとか、指の尖端が自らに触れるというような主客の矛盾的関係を離れたものであると主張しています。即ち心は顕現を自性とするものであり、それは「心が心自らを対象とする自証であるので、知る心である主観が知られる対境を客観として区別するならば、剣の刃が刃自らを切るように、両者の関係は矛盾したものとなります。しかし、主観である心にとっては、客観である、所取と能取の対境は「分別性」として、虚妄の形象であり、実在しないので、剣の刃が自らを切るような主客の対立的な関係は成立しないと主張します。

## 三、唯識論者による「顕現説＝自証説＝唯識説」の解説

「更にまた知覚できるもの（aparokṣatā）は明瞭な事柄（saṃvedyatā）である。それはまた、顕現（prakāsa）との結合（sambandha）なしにはありえないからである。色の顕現は明瞭なこと（sphuṭa）である。色との結合はそれ（色の顕現）と性質の同一なこと（tadātmya）であり、xによってxなしに知られないそのxはそのxによって知られることは矛盾しない自証（nirvirodhā svasaṃvitti）である。xによってあるものが知られるそのxこそ知（jñāna）であるということが、知を特性（jñānarūpa）とする心、心所は自証される。そして顕現と結合するものは異ならず、性質が等しいことが「唯識」ということが成立すること（siddha-vijñānamātratā）である。それ故に識の所取である、外部の或る対象はないということが確立される。それが無であるから、色身を加持することにより、無住処涅槃と言われるそれは不合理である。それ故に心、心所の無は正等菩提ではない。」（cf. PPU. Skt. P.56）

ここでは、「顕現説＝自証説＝唯識説」に関連して、「顕現説」の核心が極めて明快に解説されています。識が色として顕現する場合でも、解説文の「顕現と結合するものはそれと性質が異ならないということが「唯識の成立」を意味するという解説は秀逸です。

色の顕現とは、心、心所によって、心、心所なしには知られないその心、心所はそれらによって「色」として知られることであって、それは矛盾のない、自証であると言われています。要するに、心、心所は自らを「色」として自証します。顕現と結合する心、心所は顕現と異ならず、性質が等しいことから「唯識が成立する」と言われます。

タルカバーシャーでは、次のように言われています。

「認識における、知るものと知られるものとの関係は、作用の主体と客体との関係であると考えられるべきではなくて、実に（論理的な）確定するものとされるものとの関係として考えられるのである。丁度、灯火がそれ自身を照らすように、知識も無感覚な物質とはちがって、それみずからの原因により照明という本性を帯びて生じてくる。だから、自己を認識するのだと断定されるのである。それについて――『知識論評釈荘厳』も「（認識における）主体とか客体とかは想像物にすぎず、真実には存在しない。自己が自己によって自己を知覚すると言われるのである。」（cf.「論理のことば」『梶山著作集』第七巻 P.349ff.）

経量部のダルモッタラは、「知と顕現（prakāsā）が結合の故に、境は現われる。燈火と光との結合の故に、瓶等が（顕現する）ように。」（cf. PPU. P.43）と述べています。

ここでは、知（心、心所）と顕現（光明）はそれぞれ、別の独立した存在として、両者が結合することによって、対象は現わし出される。それは燈火が光との結合によって、瓶等を照らしだすようにと述べています。ここでは、境も瓶等もすでに闇の中に存在しており、両者の結合によって現われたにすぎません。しかし瑜伽行派では、上述したように、顕現＝自証＝唯識であり、対象（色）は心、心所が自証するところに成立すると言われています。

更に唯識では、色そのものは存在しないので、「色身」を加持することによって、無住処涅槃にはいることも不可能であると主張しています。

## 四、瑜伽行派による、心、心所の三つの実在の証明

1「彼（中観派）は邪悪な者の中でも、とりわけ邪悪な者である。このように、かの心、心所の無は形態がないから（nirūpatvān））菩提はない（と彼らは説く。）それは何故であるか。それはまさしく、（心、心所の無が勝義の証得である（から）と（彼らは説く）。それ故に、（心、心所の無）は菩提であると。

その場合、かの心は心所なしには存しない如く、何故に、心、心所は無であるか。更にまた（心、心所の）除外された（vyatirikita）勝義の証得においては、迷乱と結合し、（心、心所と）差異なき場合（avyatireke）には、自証と結合する。それ故に（心、心所の）無（abhāva）という名称（nāma）は少しもない。その時（心、心所の無である時）には、勝義、或は勝義の領納はない。」（cf. PPU. Skt. P.55ff.）

勝義において、心、心所の存在を認めない中観派はもっとも過失あるものとして批難されている。彼ら

は心、心所の無は形態がないから、菩提は存在しないと主張し、心、心所が存在しないならば、勝義の証得、菩提を知見することができると主張します。これに対して、心は心所のなしには存在しない如く、そして、心、心所のない勝義の証得は迷乱のみであり、心、心所と区別されない勝義の証得は自証であると主張します。この世間に心、心所の無という名称はなく、もし心、心所がなければ、「勝義」も「勝義の証得」ということもないと主張します。

**2**「更にまた、かの勝義が一切法の「常に不生（anutpāda）」であるということが所量（prameya）である。心、心所がわずかとはいえ、世俗によって（saṃvṛtyā）、長く生じて後に「不生」であるものは能量（pramāṇa）である。それ（所量と能量）は何故に同一（samāna）であるか。「不生」（anutpādamātra）（という言葉のみ）が同じ（samāna）であるからというならば、その場合、滅し生じている心、心所の「不生」は、これら（所量と能量）すべてに永続的（nitya）であるということは、「（心、心所の「不生」が（所量と能量との）両者に）永続的であるということこそ、一切衆生の勝義の証得であろう」と。だがしかし「このようではない」。それ故に、心、心所の滅は勝義の証得ではない。」（cf. PPU. Skt. P.56）

ラトナーカラは冒頭に、「かの勝義は一切法の常に心、心所の常に不生であること」を「所量（prameya）」とし、一方、心、心所が世俗によって生じても、それらが不生であるものを「能量（pramāṇa）」とすると述べています。「所量」とは認識対象であり、一般に「自相」と「共相」に分けられます。一方、「能量」とは認識手段であって、現量、比量等に分類されます。これは、ディグナーガの『集量論・現量品・第二偈a-b』には「量の手段であるのは所量と能量の対象が二種であるためである」と述べている論理学の作法に従ったものです。

ここでは、単に、所量と能量の双方に「心、心所の不生」という共通点があり、それ故にそれらの不生が共通して永続することから、「一切の衆生の心、心所の不生すなわち滅こそ、勝義の証得であるとする」と主張するならば、それは誤りであると指摘しています。

**3**「もし迷乱がすべて心、心所であるならば、迷乱は粗大さに従って（yathā-udāram）（より粗大なるものが）所対治のものであり、微細さに従って（yathā-sūkṣma）、（それより微細なものが）対治するものであるならば、その場合、最後のものは、対治するもののなき（niṣpratipakṣa）迷乱であるので、心、心所の無はない。」（cf. PPU. Skt. P.56）

迷乱は心、心所に属します。心、心所である迷乱は迷乱を対治する場合、より一層粗大なものを、より微細なものが対治するので、最終的に残された迷乱の心、心所は最後まで滅尽することはないという主張です。

## 五、それ故、心、心所の否定は不合理であるという唯識論者の主張

『聖解深密経』に説かれているように。

「マイトレーヤは説かれた。世尊よ、もしそれ（心）の対象である影像がかの心より異なるならば、いかにしてかの心より、かの心は観察されるだろうか。世尊は説かれた。「そうではない。マイトレーヤよ、そこではある法はある法を観察しない。しかし生起されたように、心はそのように顕現する」

「弥勒菩薩言、世尊、若定境界色相與定心不異、云何此識取此為境、佛世尊言、弥勒、無有法能取余法、雖不能取、此識如此変生顕現如塵」

（真諦訳、『摂大乗論』所収、大正 31 下 P.118-bc）

「唯識の本来の知（saṃvedana）は識（vijñapti）の現量（pratyakṣam pramāṇa）である。無迷乱であるからである。しかし増益された色の知は迷乱である。それ故に、かの迷乱の相が完全に、順次に、捨てられて、純一、無垢、無辺際、虚空に似た一切法の顕現身（諸々の顕現である）二つのもの（所取、能取）の空性の証得であるそれこそ、勝義の正覚であるから、心、心所の滅することは不合理である。」（cf. PPU. SKT. P.57ff.）

唯識の本来の自体は自証を自性とすることです。自証を自性とすることは顕現をを自性とすることです。識の顕現はそれ自身としては無迷乱であるから、現量であり、無始時来の迷乱の習気によって増益された

形象を、自らの自体として領納するので、迷乱であり、この迷乱は順次、捨てられることによって、虚空の無垢で無変際であるように、一切法として顕現したものは所取、能取の形象がすべて滅尽され、空であると領納する人は勝義を証得する。従って、心、心所の否定は不合理であると主張されます。

# 第八章　ラトナーカラの『成唯識論（Vijñaptimātratāsiddhi）解題』

## 唯識とはどのような思想であるか―「ラトナーカラシャーンティの自証説」

ラトナーカラは『唯識性成就』（Vijñaptimātratāsiddhi）という小篇の中で、「この三界は唯識である」という「三界唯識」をインド論理学の論証式を用いて立証しています。この中から、「分別」「顕現」「自証」などのタームによって、彼の唯識説の概要を解説します。

## 一、「三界唯識」の論証式

法王子となれるマンジュシュリーを礼拝したてまつる。

**「諸々の瑜伽行者よ、この三界は識のみである」**と説かれている。「瑜伽行者よ」（という言葉は）ある経（cf.『十地経』）に表れている。この中、虚妄な分別より成立しているものを「この（三界）」と説く。Xによって分別されたそのものはXより異なるものではない。例えば、能分別を自体とするもののごとくである。「白色、歌、香り、粗さ等のこれらもまた、かの知の分別したものであるからである」とは自性因である。

ラトナーカラは「三界唯識」を次のような論証式で示している。

宗（pakṣa）「Xによって分別されたそれはそのXより異なるものではない。」

喩（dṛṣṭānta）「喩えば、能分別を自体とするもののごとくである。」

因（liṅga）「白色、歌、香り、甘さ、粗さ等のこれらのものも、かの知の能分別したものである故に」

彼の論証式は本質的にはダルマキールティ以後の後期の仏教論理学のそれであるが、形式的には五世紀のディグナーガの論証式に従って、三支作法の形をとり、因の正当性の立証のためには、論理学の規定通りに、因の三相説および九句因説に基づき、それが「所依不成因」や「自体不成因」でもなく、「相違因」や「不定因」でもないことを証明しています。彼の論旨を彼自身が採用したと言われている、最も発展した後期論理学の論証式に整理すれば、次のように要約することができます。

（肯定的遍充）「知によって分別されたものは知より異なるものではない。」

（所属性）「白色、歌、香り、甘さ、粗さ等は知によって分別されたものである。」

（結論）「故に、白色、歌、香り、甘さ、粗さ等は知より異なるものではない。」

この結論は二つの前提から当然に導きだされる自明のものとして、その陳述は省略されます。三支作法になぞらえていえば、これは二支作法ともいうべき論証式であるが、この二種類の論証はただ支分の数が違うだけではなくてその本質をまったく異にしていると言われます。この中、「故に白色、歌、香り、粗さ等は、かの知の分別したもの、すなわち知によって分別されたものであるから、知より異なるものではない」とは同一性の能証すなわち、「自性因」に基づくものである。これはダルマキールティ以来、よく例証とされている「これは無憂樹とよばれるから、（śiṃśapā vyavahāra yogyatvāt）、樹木と呼ばれうる。（vṛkṣavyavahāra vogyo'yam）」「音声は、作られたものであるから、無常である」と同類のものです。この論証式においては、所立法と因との必然的関係は、彼自身の内遍充論の立場から、推理の主題そのものにおいて把握されているので、上の三支作法における「喩」はディグナーガの論理学におけるような重要性を有しません。

ラトナーカラとほぼ同時代のモークシャカラグプタの『タルカバーシャー』でも次のような（定義）と（反論）と（答論）が展開されています。

（定義）「ものの自体は、自己の存在のみによってなりたっているものを証明するための能証である。」

（反論）「同一のものに所証（樹木とよばれうる＝推理の所証）と能証（無憂樹とよばれうる＝能証）との関係はありえない。いずれも主題であるものの同じ一部にほかならないからである。」

（答論）「そうではない。たとえ両者が同一であるとしても、たとえば、ある人があるものをシムシャパー（無憂樹）とよび、その同じものを前に樹木だと一度はよんでいながら、心がくらまされていて、なにか別なことを妄想して、現在判断ができないでいるとしても、彼はすぐに、同一性の能証によって、正しい判断に導かれる。だから二つは実際には同一のものではあっても、言葉の上での区別だけにもとづいて概念知が生じているときには、（一方は他方と）くべつされたものとしてあらあれている。だから、能証と所証との関係がそこにあったとしても矛盾はない。」（cf.『梶山雄一著作集』第七巻「認識論と論理学」p.368ff.）

ラトナーカラが師と仰ぐ、ダルマキールティのPramāṇaviniścayaでも、「自生性因」について次のように述べています。

「本質的属性は、それ自身の存在だけに随順［して存在］する本性（ātman）［すなわち本質的属性（svabhāva）にたいして論理的理由となる。（第五三偈前半）」

更に次のように言われています。（p.32, l.27–29）

「それ（論理的理由としての属性）の存在のみに随順し、「本質的属性」と言われるもの［すなわち、論理的帰結としての属性］自体が、それ自身で実際に［他方の論理的理由としての属性と同じ］属性なのである。そうだから、そのものが、自分の本性［である他方］を捨ててどうして存在しえようか。」

これは「作られたものである」という性質と無常性は、ともに「音声」という同一の実在の本質を概念的に弁別した結果得られた属性概念であって、両者は本質的には同一のものと言えます。そこで、「作られたものである」という論理的理由と「無常である」という論理的帰結の間の論理的必然性は、実在におけるこの「同一関係」にもとづいて確定していることになります。（cf.『講座・大乗仏教九』、赤松明彦『ダルマキールティの論理学』p.205）

これは「所依不成（āśrayasiddha）」でもない。白色、歌等の所立の有法（dharmin）は（立論者と対論者の）両方において成立するからである。「自体不成（svarūpasiddha）」でもない。かの有法において「それら（白色、歌等）は分別されたものであるからである」という因は（立論者と対論者の）両者において成立するからである。

「この（三界）」と説かれるものは今、分別そのものによって、白色等の有法とされているからである。「相違因」でもない。同品（sapakṣa）の中の自体にも入るからである。

ラトナーカラは「自性因」の正当性を立証するために、規定通りに「所依不成因」や「自体不成因」でもなく、「相違因」や「不定因」でもないことを証明します。この中、「所依不成因」とは、宗そのものの存在が承認されていないために、因が宗の法とはなりえない因であり、「自体不成因」とは、宗の法であることが、立論者と対論者の両方で承認されていない因であり、これらの因はともに否定されています。更に「相違因」とは、所立と相いれない結果を確立する因であり、九句因説の第四句と第六句に見られるように、それらの因はいずれも同品には存在しないものであるので、本文の「同品の中の自体にも入るからである」とは、因が同品に存在するので、「相違因」でもないことを述べています。ここには、同品、すなわち「この三界」において、「知によって分別されたものであるから」という因が存在するからである。「不定因」の否定は後述されます。

## 二、瑜伽行派では、自証（svasaṃvedana）＝能分別＝顕現であるから、剣の刃が自らを切断するという矛盾は成立しない。

もし（対論者が）（「能分別を自体とするもののごとくである」という喩が）自証を成立させない喩ではないとしても、自証とはならない。自らに（自らが）作用することは矛盾であるから、剣の刃はどうして、鋭利であるのに、自らを自らが切断しないのかと言うならば、「芽が生ずる（ātmalābha＝coming intoexistence）＝自体を得る）の「自体（ātman）」に作用することは矛盾しないわけではないが、（自らを自らが）切断することはまた矛盾である。何故かといえば、切断される剣の刃に入るものは切断するものであり、自己に入ることは不可能であり、同時に一つのものに外と内という二つの自性が存することは不合理であるからである。

対論者は、もし「能分別を自体とするもののごとくである」という喩が自証を成立させない喩ではないとしても、この場合は、自証とはならない。すなわち、自らに（自らが）作用することは矛盾であるから、例えば、剣の刃はいかに鋭利であっても、自らが自らを切断しないからと言うならば、世間一般で「芽が生ずる（ātma-lābha=coming into existance）」というの場合の「自体（ātma）」に（自体が）作用するという用例があるからと言うならば、その用例は矛盾しないわけではないが、剣の刃がいかに鋭利であろうとも、切断する刃が切断される剣の刃に入るように、自己が自己に入ることは明らかに矛盾である。同時に一つのものに外と内という二つの自性が存在することは不合理であると反論する。

能分別（rtogs par byed pa ñid）という知を自性とするものにおいては、（剣の刃の場合と）相違するから、矛盾はない。このように顕現を自性とするものは顕現し、現前するという意味である。それとの関連は顕現するものであるから、それは分別するものであると言われ、更に、それ（顕現）は「それ（能分別）を自性とするもの」（喩）という（言葉）と関連する。顕現という自性を有するものは顕現するものであるが、かの自体が自体として（顕現）しないのは矛盾であるからである。それ故に顕現という自性を有するものは能分別そのものである。所分別を成立せしめるからである。それはまた、能分別するものであるからである。

これに対して瑜伽行派における「分別」という概念は、剣の刃の場合とは相違して、顕現を自性とすることと同義であり、「顕現するものであるから、それは分別するものである」と言われる。そして「喩」の「能分別を自性とするもの」とは「顕現という自性を有するもの」を意味する。さらに顕現という自性を有するものは「能分別そのものでありながら、所分別を成立させるもの」である。従って、白色、歌等として「顕現することを自性とするもの」とは、白色、歌等という、知によって分別されるものであり、それは「能分別を自体とするもの」に外ならない。そこには「知られるもの」と「知るもの」との同一性が成立すると同時に、客観の境は主観の知によって分別されるもの、主観の知は客観の境を分別するものとして、主客の対立性も成立します。

## 三、自証ということ

知も他の知によって顕現すると説くならば、(その他の)知は更に別の知によって(顕現)する時には、「無窮の失」となるであろう。もし「無窮」に対する答えのために、ある者が最後のものは独立したものであると言うならば、最初のものも(そうである)と言うべきである。相互に連続したものである(からである。)更にもし他(の知)によって、顕現したものを知ることが分別することであるならば、その場合、(その他の知の)対象も分別されるであろう。そうでなければ(もし他の知の対象も分別されないならば)、知によっても(知の顕現したものを知ること)はない。それゆえに自ら(の知)の自らによって顕現するものが識の対象(の顕現)である。それゆえに知を自体とするもの、すなわち顕現を自体とするもののみより、今、顕現しつつあるので、この識を分別するものと言うべきである。

ここでは、ダルマキールティの PV III-441 と同じ主張が展開されている。

「また顕現が他の顕現によって現れるならば、(それは正しくない、なぜなら、「無窮」となる)過失におちいるからである」

すなわち、顕現(=知)がそれより前の他の顕現(=知)によって現れるのであるならば、その他の顕現(=知)が現れために更に他の顕現(=知)が必要となり、「無窮(anavasthā)」となると言われている。モークシャーカラグプタも、ほぼ同様なことを述べています。

「心と心作用とが、それ自身以外のもう一つの知識によって照らされるということは不可能である。というのは、まず、ある心と心作用とは、それと同時に存在する他の知識によって照らされるということはありえない。その場合には、牛の左右の角と同じように益するものと益されるものとの関係がなんらないからである。またそれはそれと異なった時間に存在する他の知識によっても照らされない。照らされるべき（心と心作用）は各瞬間に滅し去るものであるから、（他の知識の生じている時には）存在しないからである。」（cf.「タルカバーシャー」『梶山著作集』第七巻 P.350）

ラトナーカラは言う。自らを自らが知るという矛盾的関係は「知るもの」と「知られるもの」が同一の知であることに起因している。それゆえにもしこの矛盾的関係をさけるために、「知られるもの」はそれとは別の「他の知」によって知られると主張するならば、このような矛盾は解消されるであろうか。今、対象として顕現している知Aはそれとは別の知Bによって知られるとするならば、更にその他の知・Bを知る別の知Cが必要とされ、無限に連続するという過失に堕することはさけられません。もしある者がこのような無限の後退に対して、無限ではなく、究極的には最奥に独立した最終的な知の存在が認められるから、このような過失に堕することはないと主張するならば、その場合には、幾多の連続を重ねることなく、最初の知を独立したものとして認めるべきであると主張します。換言すれば、唯識説によれば、自らを知る知は、その知自らに他なりません。

更に、対論者が PV III-443 の「もしある（対象）と同じ相をもった知覚が他の知によって知られるとき、それ（の対象）について［知覚された］と表現される、というならば、」のように、もし他の知Bによって、直前の知Aが顕現したものを知ることが分別することであると言うならば、その時点で（［刹那滅であるので］知Aもその対象もすでに滅して認識されないので）（知Bの）対象は分別されるであろう。もし他の知Bの対象も分別されないならば、知によって、知の顕現したものを知ることはない。その故に、PV III-443の「それ（＝知）が（対象と）同じ相をもつならば、（むしろ知の）自証が確立される（べきである）」に見られるように、対象としての分別（＝顕現）、すなわち対象と同じ相が知にあるならば、むしろ知の自証性こそ認めれるべきであると言う。もし対象と同じ相が知に内在するならば、それが認識されるとき、同時に知自身も認識されるはずです。換言すれば、知はのちに生じた他の知Bによって認識されるのではなく、対象と同じ相をもった知は知自身によって自証されます。

そのようであるならば、「識（能分別）を自体とするもの」という喩に、「（かの知の）能分別したもの（であるゆえに）」という因が含まれることが成就するから、因は過失でもなく、喩は成立させないものでもない。不定因（anaikantika-hetu）でもなく、この喩そのものにおいて、すべてのものが包摂されることにより、遍充が成就しているからである。

内遍充論にたつラトナーカラにとっては、喩は外遍充論のそれとはいくぶん異なった重要性を有している。ここでは、喩の「識（能分別）を自体とするもののごとくである」と因の「かの知の能分別したものであるゆえに」は周延関係が全体にわたって成立しているので、因は「不定因」ではなく、喩そのものにおいて、すべてが包摂されることによって、遍充が成立していると言われます。

この「無窮の失」の論難の起源は、恐らく中観派の竜樹の主張に基づくものと考えられます。彼の『廻諍論』（『大乗仏典』一四　竜樹論集、梶山訳（P.159ff.）によれば、次のような論難が述べられています。私たちはそこに、中観派と瑜伽行派の対立を超えた、多くの共通点を見い出します。

「もし認識が他の認識によって成立するならば、その過程は無限にさかのぼることになる。」（32a b）

また、認識の対象は認識によって確立され、その認識は他の認識によって確立される、と君が考えるならば、こうして、その過程は無限に遡及することになってしまう。無限遡及に陥るときにはどのようになるかというと、

「その場合、最初のものが確認されない。中間のものも、最後のものも成立しない」（32c d）

無限遡及に陥ったときには、最初のものが確認されない。どうしてかというと、それらの認識は他の認識によって確立され、後者はまた他の認識を必要とするというわけで、最初（の根拠）が見出されない。最初のものが存在しないから、どうして中間のもの、最後のものがありえようか。だから、それらの認識が他の認識によって確立されるということは妥当しないのである。

この点について、対論者が反駁する。「まさに認識はそれ自体と他のものをともに確立させるものである。すなわち（詩頌に）言う。

ちょうど、火がそれ自体と他のものをともに照らすように、認識というものも自他をともに確立させ

る。」と

これに対して、我々（中観派）は答える。

「この（たとえ）は適用がふさわしくない。というのは、火は自らを照らしはしない。闇のなかで壷が見えないようには、火が見えないことは経験されないから」(34)

梶山博士は次のようにコメントしています。

「というのは、火は自らを照らすことはないからである。たとえば、はじめに火によって照らされていないときには、闇のなかの壺は認識されないが、あとになって火に照らされると認識される。それと同じように、もしはじめに照らされていない火というものが闇のなかにあったならば、あとになって火の照らすはたらきもあるだろうから、したがって（火は）それ自体を照らすことにもなろう。しかし、実際はそうではない」(cf. 梶山 ibid. P.161)

ここで、一見、自証説を立てて、反論しているように見えるのは、これは瑜伽行派の主張ではありません。竜樹時代には、瑜伽行派は存在せず、当時、竜樹と対立していたのはニャーヤ学派と見られています。引用の詩頌は『ニャーヤ・スートラ』(2・1・16–19) に相当します。同書 (2・1・19) によれば、「火がそれ自体と他のものを照らすように、認識というものも自他をともに確立させる」という理論に基づくものです。しかしこの学派は「一つの知識は他の知識によって知られる」ことは認めても、瑜伽行派のように、「一つの知識が自己自身を知るという知識の自証は認めていないし、また認識方法がそれ自体独立に確実性を持つ」ことは認めていません。

## 四、自証を成立させる二つの重要な概念、顕現と分別

このように顕現するものこそ分別するものである。それゆえに「顕現しないことを自体とするもの」と共にある過失を喩において見て、一切の「顕現しないことを自体とするもの」より離れて、「顕現を自体とするもの」のみを確実（な喩）として区別することから、一切のものが包摂される遍充が成立する。

唯識説においては「顕現」と「分別」という概念は同義とされている。従って、喩の「分別を自体とするもの」とは「顕現を自体とするもの」に外なりません。それゆえに上の本文の「顕現しないことを自体とするもの」は「分別しないことを自体とするもの」と同義であり、一切のものはそのようなものとして、その存在は認められないので、確実な喩は「顕現を自体とするもの」「分別を自体とするもの」と言われます。

それゆえに三つの過失は断たれている。（喩は）「（知の）分別したものであるゆえに」というその因より、それぞれ無差別なものとして成立するから、受容されないものではない。もしそう（受容されないもの）であれば、これは不定（因）である。因は否定的遍充（を有するもの）であることを確定するのに疑いがあるからである。このように所分別と能分別はそれの自性として、実在として（別々

に独立して）決定していないからである。

「それゆえに三つの過失は断たれている」とは、因が「因の三相」をクリアーしていることを意味します。

さて主観の「分別」と客観の「顕現」とが同義であることはすでに述べた通りです。したがって、喩の「識（分別）を自体とするもの」と、因の「知の分別したものであるゆえに」との遍充関係が成立するように、ここでは、喩の「顕現を自体とするもの」と因の「知の分別したものであるゆえに」との間に無差別な遍充が成立することは明白です。もしそうではなくて、因が「顕現しないことを自体とするもの」という異類の喩との間にも遍充関係を有するならば、因は否定的遍充を有することに疑いがあるので、不定因であると言われます。このように、能分別と所分別は同義であるので、「能分別と所分別はそれ（知）の自性として、実在として（別々に独立して）決定していないからである」と言われます。

## 五、ダルモッタラの「灯火の譬喩」は自証説の譬喩とはならない。

ダルモッタラ師は更に、「たとえば、瓶等と外の照明とが出会う時、（瓶等は）現われる。そのように知と照明も同様である。」と説いている。それは次のように説くべきである。もし知が内より生じて、それ自体として留まっているその時には、それは瓶等と出会うことはない。もし（知が）生じた後、すでに存在している境に向かうならば、その時には、それら木の枝や月を一括して知覚しないけれども、眼識は更に五境を知覚する。（識とそれの境との）結合に差別がないからである。

ラトナーカラはさらに「知と境の同時存在説」を論証するために、シュバグプタの第81偈に引き続いて、ダルモッタラの「灯火の譬喩」への批判に移行する。からはこの批判を通して、その譬喩の主唱者であるダルモッタラ以下の経量部の「知と境の異時説」の追従者に対する批判を展開するのであるが、ここにも、後述するように、シュバグプタとの驚くほどの類似点を見ることができる。

経量部の著名な学者とされるダルモッタラは、いわゆる自証説の譬喩として、有名な「灯火の譬喩」を用いています。これは灯火が自己自身を照らすことによって、対象が灯火によって照らしだされるように、知も自己自身を照らしだすことにより、対象が知によって照らしだされることを説明するための譬喩です。

ラトナーカラはPPUにおいて、次のような批判を展開しています。

「知と顕現との結合により、対象は顕現する。灯火と光の結合により、瓶等（が現われる）ように、とは対論者の説）。それの香と味と触覚もまた眼識によって知覚されるであろう。或はまた、実と花において、色（物質的存在）も（知覚されないであろう）。結合が）、無関係の故に（saṃsargāviśeṣāt）、無対象の故に（aviṣayatvāt）、と、そこでいわれるならば、それ故に、一切の青色等の知は知られつつあるが、それの所取の境は知の外（jñānabāhya）にはない。」（cf. PPU. Skt. P.43）

ラトナーカラはこの経量部的発想の譬喩において、灯火によって照らしだされる瓶等がてらしだされる以前にすでに闇の中に実在することを想定しています。すなわち、経量部では、PV III.246cdにおいて「すべての因は（果の生起の）前に存在する（と認められるべきである。）それ故に、対象は自身に対する知と倶に存在しない。」と述べられているように、対象である境は常に知より前の刹那に存在することにより、知覚関係が成立する「知と境の異時説」にたっており、灯火に喩えられる知は闇の中にすでに実在する前刹那の境と、現刹那の知自らをてらしだすとしています。従って、この譬喩に従うならば、境は同一刹那の知にちかくされることなく、すでに存在しているので、上述のように、眼識だけで五境をちかくするという過失が生ずるであろうと指摘しています。

シュバグプタも同様に「知と境の同時説」を主張するBAS 105以下において、「灯火の譬喩」を引用し、ラトナーカラのそれと極めて類似した論理を展開しています。

「(105)もし灯火が自と他を照らしだすように、識も同様であり、二つの所縁を自体とするものであり、全く相違はありえない。(と対論者が主張するならば)」

「(106)色、声等の境は異なった根の行境であり、それ故に、それら(色、声等の境)は唯一つ(の根)によって領納されるものではない。ここ(この譬喩)には差別の因はない。」

もし対論者が灯火が自と他の二つを照らしだすように、識が二つの所縁を照らしだすと主張するならば、識の二つの所縁の中の一つである境は知覚される以前に、前刹那に闇の中に実在するものであるので、そのような境はそれに対応する感官や識と無関係に存在するものであり、それら色、声等の境は唯一の感官によって知覚されるという過失も生ずることになろうと指摘しています。それ故、シュバグプタも、ラトナーカラと同様に「色、声等は異なった根の行境であり、それ故にそれら色、声等は唯一つの根によって領納されるものではなく、この譬喩には差別の因はない」と述べています。

もし境は知とは別にすでに実在しており、我々は外界の境それ自身ではなく、それの影像のみを知覚するのであるならば、そこには知が境を知覚するという「能分別」という通常の知覚作用は成立しない。換言すれば、境が同一刹那の知とは無関係にすでに実在しているならば、眼識のみによって、色形だけではなく音声、かおり、味、触覚の知覚も可能であろう。なぜならば対象である境は同一刹那の知とは無関係に実在しているので、一つの識である知、と境との結合は無制限で無差別であるからです。この優な場合には、物の長短や大小等や、それらを遮蔽する物の有無の知覚も、広さ、距離等の知覚も不可能になるであろう。

## 六、虚偽の唯識論者に対する批判

「（形象は）有と無を本体とするものである」（という言葉は）矛盾するから、虚偽の唯識論者は排除される。

虚偽の（唯識を説く）者はまた、「（形象は）青色等である。」と説いているが、それ（青色等）の諸々の顕現は、有である知によって（顕現したものであるから、形象も有であると）説くならば、そうではなく、それ（青色等の形象）の臨時的存在と矛盾する。（その場合は）他の無因なるものに依存しないから、（そして）常に有あるいは常に無となるという道理によるからである。

有と無とであることはそれ自体として矛盾するから、青色等（の形象）も有なるものとして成立することによって、虚偽を説く一切の者は更に論破された。

PPUでは「虚偽の唯識論者」として、「有形象論者」と「無形象論者」の二つが批判されています。**（参照、第一、五、瑜伽行派における有形象論者と無形象論者）**ここで問題にされているのは、冒頭の「有と無を本体とする」という虚偽の唯識論者の主張についてであり、それは上述の「有形象論者」の主張に近似しています。冒頭の「有と無を本体とするものである」という主張は次のように考えられるます。「それ（形象における）諸々の青色等の顕現は、（実）有である知（識）によって（顕現したものであるから、形象も有であると説くならば」そうではない。それ（青色等の形象）の臨時的存在と矛盾するから、すなわち、瓶等の形象のように、時には破壊は免れず、「常に有となり無となる」という道理によって、それは常に有であることも無であることも不可能です。また「同時に有と無とであること」はそれ自体として矛盾するから、「青色等の形象のように、有と無を本体とするものである」と主張する虚偽の唯識論者は論破されるべきであるという主張です。（cf.『インド後期唯識思想の研究』所収の論文を改変したもの）

## 七、一つの識は多数の形象をもつというプラジュニャーカラグプタ説に対する批判

「ここに、青色等の差別と、柱や瓶の差別と、前後や中間等の部分の差別によって、事物を知るそれらのものは、一つの識であるか、それとも多くの（識）（識）であるか、ここに考察すべきである。

プラジュニャーカラグプタ師は「これらは一つのもの（識）である。同時に顕現するからである。このように、（青色等の差別や柱、瓶等の差別によって、識が）差別しているならば、中に見られたものを相互に分別するものである自証は存しない。（更に）自己と他の者との知を異なった場所で同時に分別することに、どうしてなるのであろうか。」と

ここでは、青色や黄色等の色の差別や、柱、瓶等の事物の差別や、前後、中間という部分の差別を知るものは一つの識か多くの識であるかという問題が提起される。これは青色と黄色を同時に見る識は一つの識であるか、それとも青色のみを見る識と黄色等のみを見る識という二つ以上の識が同時に存在するのかという問題である。プラジュニャーカラグプタは「これらは一つの（識）である。同時に存在するからである。――云々」と主張して、色や事物や各部分の差別は同時に顕現するので、一つの識であるのは、もしこれらの差別によって識が相違するならば、識自らと対象とを内に同時に分別する「自証」という働きは不可能になること、さらに一つの識だからこそ、自己と他の者を異なった場所で同時に分別することが可能であると言う。

これに関連して、ダルマキールティも、PV III 208 において「一つの知が多数の形象をもつことはないという批難」に反論しているのは注意すべきである。ダルマキールティの場合は、戸崎氏によれば、「知の多相性」を否定する「空の立場」と「多数＝一者」を知において認める「世俗の立場」を使い分けていたと言われます。ダルマキールティは世俗の立場にたって、PV III 220,221 において、次のように知にお

ける「多数＝一者」について述べています。

「多相の知において、知を規定する青色等は他を伴わずには認識されない。実にそれは別々に認識する者は対象に堕する。」

「知がある姿で顕現するとき、それはまさにそのままの姿で領納される。したがって、知における多数の形象には実に一者性はあるであろう。」

ラトナーカラが、ダルマキールティをあえて批難しなかったのは、彼がこのように、「空の立場」と「世俗の立場」を併用していたからであろう。

VMSに引用されたプラジュニャーカラの主張は、「世俗の立場」に従ったものとして、「空の立場」にたつラトナーカラによって批判されたものです。

## 最終章、自利利他円満して「阿耨多羅三藐三菩提」を成就する

山口博士は、これら二智の雙運で表される無分別智→後得清浄世間智のはたらく態において「無住処涅槃」の成立を見ています。（山口著『仏教学序説』p.198）

「普通、無住処涅槃の説明としては、「智慧あるが故に生死に住せず、慈悲あるが故に涅槃に住せず」という、二つの住の否定で表されるが、もとより二つの否定が並立的に唱えられているのではない。第一の「住」の否定は、生死輪廻すなわち能所の有執を捨離した、根本無分別智の働きを指示し、第

二の「住」の否定は、空性・涅槃に停滞しようとする二乗の智を否定し、以て一切衆生の世間を清浄化しようとする清浄世間智のはたらきを示す。それは、空無の涅槃がもう一度否定せられる「空亦復空」の指示する内容である。」

『無量寿経優波提舎願生偈』の世界は無分別智・後得清浄世間智で構成されています。そして「五種功徳門」の目的とするところは、「自利利他円満して、阿耨多羅三藐三菩提を成就すること」でした。自利利他の菩薩行は、無分別智が現在前し、それが確立せられてゆく中で「菩薩の自利行」が成立し、一切衆生の流転の世間を清浄化し、大悲する清浄世間智が、現在前するところに「菩薩の利他行」が確立されると言われています。

このような清浄世間智は『浄土論』において、どのように展開されていったのでしょうか。『願生偈』冒頭の「世尊我一心」の「一心」について『論註』では「心心相続無他想間続」と述べられているように、ここでは「一心」は連続して相続する「一心」と解されています。この「一心」については、まずそれが瑜伽行派の世親の論書である『浄土論』の「一心」として考察すべきです。

瑜伽行派では「一心」について、次のような特別な意味を持たせています。

『摂大乗論』（大正 31-124b）では「一心」について、次のように述べています。

「常行一心如理簡択諸法得入唯識観。由依止六波羅蜜。菩薩已入唯識地。次得清浄信楽意所摂六波羅蜜。」

（「常に一心を行じ、如理に諸法を簡択し、唯識観に得入する。六波羅蜜に依止することによって、菩薩は唯識地に入り終わって、次に清浄信楽を得て、意は六波羅蜜に摂せられる。」）

ここでは、「一心」を常に行じ、如理に諸法を選び、唯識観に入り、六波羅蜜に依止することによって、菩薩は唯識地に入り終わって、次に清浄な信楽（信心）を得て、意（心）は六波羅蜜に引き寄せられ、転依し、「見位乃至究竟位」に到達することを意味します。

右の『摂大乗論釈』（大正31-213c）は次のように釈しています。

「釈曰。已入唯識観故言是故従見位乃至究竟位為中間仮設。此人於其中間不作功用。修行六度。六度自然満足。」

（「釈して曰く。已に唯識観に入っている故に、この故に見位より乃至究竟位（仏果）までを「中間の仮設」と為すと言う。この人はこの中間において無功用（身口意の動作なく自然のままの状態）で、六度（六波羅蜜）を修行し、六度を満足する。」）

従って「一心を行ずること」はアーラヤ識が転依態として、究極的に仏果に到達し、『願生偈』で働く無分別智（鏡智）、後得清浄世間智を展開します。

無住処涅槃の実践は、見道へ貫き入る位置としての初地から第十地へと進展する十地の菩薩行という階梯を経て究竟され、その菩薩行が自利利他の行と言われます。

山口博士は、空性真如の顕現である無分別智を「光明無量」に、清浄世間智の大悲を「寿命無量」に喩えて、次のように結んでいます。

「いま光明無量と寿命無量といったが、『阿弥陀経』には、光明無量寿命無量は阿弥陀（amita）であると説かれている。――それ故に無住処涅槃とは阿弥陀の本願である。」（cf. 山口 ibid. P.199ff.）

さて『無量寿経優波提舎』という題名は、『無量寿経』の本意を当代の人々に近く示そう（upadeśa）という意図のもとに考慮されたと言われています。世親の処した当代とは、大乗瑜伽行唯識教学の領域であったので、『無量寿経』の浄土の様態はまず、第一に唯識思想の体系の上に展開せられ、「五念門」は瑜伽唯識の瑜伽行ではなく、菩薩の十地の階梯に従って示されました。そこで示されようとしたのは、仏願の生起本末を説く『無量寿経』の浄土思想であったので、菩薩十地の階梯による浄土獲得の行道が展開せられる一方で、世親は大乗仏教瑜伽行の領域に処しつつ、その大乗菩薩道が『無量寿経』における仏願の生起本末の謂れにおいて極まることを説述しようとしたのがこの『無量寿経優波提舎』であると言われています。

# 跋　文

この度、『浄土論の唯識思想』という表題で新たに出版いたしました。前著と同様に、今回も、世親の『浄土論』を唯識思想の面から究明することを目的としていますので、『浄土論』全体を網羅するような解説はありません。従って、一般的、啓蒙的な「真宗学」の解説書ではありません。本著は、瑜伽行唯識学から『浄土論』を眺めた論文の一つとして、お求めいただければ幸いです。

今回は、唯識の研究書として、真宗学の碩学、曽我先生の「法蔵菩薩＝阿摩羅識」論を取り上げました。先生は論拠を明かしていませんが、私なりに論拠を想定して論じました。

更に、今回は、長年の念願であった、PPU の梵文テキストが使用できたことにより、研究に大きな弾みが生まれました。

『般若波羅蜜多論（PPU）』の梵文テキストの入手は、ひとえに、畏友、桂　紹隆先生のご厚情によるものです。

平成二十九年十一月に、龍谷大大学院に出講の際に、先生より直接、譲渡されたものです。

桂先生のご配慮には心より感謝いたしております。

なお、引用しました梵文テキストは、テキスト自体、未出版のもので、翻訳、出版に際して、中国・四川大学の羅鴻先生のご了解を得ていません。「未出版」とは事前に知らなかったこととはいえ、責任は、すべて筆者自身にあります。

なお、私事ですが、平成二八年二月に焼失した自坊の、本堂・庫裏は平成三十年六月に完成予定で、ようやく入居できる予定です。その間、奇跡的に焼失を免れた書斎在庫の書籍以外に、あまりにも多大な、貴重な書籍・全集・論文等の焼失には、当時、全く絶望的になりました。それはあたかも、「唯識」を「瑜伽行によって」ではなく、実地に体験したような感覚でした。

お陰様で、この度も本稿の執筆にあたり、岳父、「館　熙道文庫」には、貴重な「大正大蔵経」などの文献の筆写・借用等で、お世話になりました。この間、筆者を、陰ながら激励やご便宜を与えてくださった、幡谷明先生、藤田宏達先生など、多くの諸先生、友人のご恩には、衷心より感謝致しております。

今般、著書の出版に、前回同様、ご尽力いただきました、山喜房、淺地康平様には、心より感謝いたしております。

著者略歴

**海野　孝憲**（うみの　こうけん）

昭和11年　石川県白山市に生まれる
昭和34年　大谷大学文学部仏教学卒業
昭和39年　名古屋大学大学院印度哲学専攻・博士課程単位取得
平成12年　文学博士（論文博・名古屋大学）
職　　歴　名古屋大学文学部助手
　　　　　名城大学教授
現　　職　名城大学名誉教授
著　　書「インド後期唯識思想の研究（山喜房佛書林）「アビダルマ仏教とインド思想」（春秋社、共同執筆）「『いのち』の意味」（法蔵館）「真宗の『いのち観』私たち人間が仏となるということ」（探究社）「『人間の悪』に対する裁きと救い」「悪人、善鸞は救われましたか？」「文学者　三島由紀夫と仏教」「世親の浄土論と瑜伽行唯識」（山喜房佛書林）

浄土論の唯識思想

平成30年６月１日　印刷
平成30年６月15日　発行

著　者©　海　野　孝　憲
発行者　浅　地　康　平
印刷者　小　林　裕　生

発行所　株式会社　山喜房佛書林
〒113-0033　東京都文京区本郷5-28-5
電話(03)3811-5361　FAX03-3815-5554

ISBN978-4-7963-0289-0　　C3015